Emmanuel Tugny

-UN REGARD DE L'AUTRE-

(Chroniques politiques 2009-2019)[1]

EEEOYS EDITIONS

---

[1] Parues dans les journaux *O Correio do Povo*, *Libération* et *Mediapart*.

Emmanuel Tugny

PRÉFACE

Par Antoine Perraud

Faut-il oser aller jusqu'à déranger, à propos des chroniques d'Emmanuel Tugny, le pluriel du mot épiphanie ? *Les Épiphanies*, cela renverrait à Henri Pichette (1924-2000), dont la pièce, en forme de détonnant « mystère profane », créée en 1947 au théâtre des Noctambules à Paris par Maria Casarès et Gérard Philipe, imposa *presto* du frais, de l'intact, de l'audacieux, du différent, du printanier en toute saison :

« La scène est au soleil de midi, l'été, entre plaine et forêt.

Le Poète : Le lit des choses est grand ouvert. Je me suis endormi, pensant que c'était trop beau et que la terre s'échapperait. Je craignais tout des ventilations absurdes d'une nuit en colère. Les matins me fustigeaient. Je vivais crédulement. Sourcier infatigable, je cherchais l'Orifice originel, premier ouvrage par où passer la tête et crier au Soleil. (…)

Les alentours se métamorphosent. De coutume le cœur de la biche ne boule pas ainsi, l'eau a moins de charme, les oiseaux ne tombent pas si verticalement sur le ciel, l'air n'offre pas sa charpente avec autant de pompe ou de vigueur.

Je vois enfin le plus beau frisson de l'arbre. Et le silence a trop vite plongé son glaive dans la pierre pour que je ne devine rien : Tu es là. »

Le rapprochement n'est ni hérétique, ni hétérodoxe, ni simplement osé quand, au détour de Mediapart (étonnant succès de presse numérique parmi tant de ruines en papier, où l'on s'abonne au prétexte du scandale Bettencourt, Sarkozy, Cahuzac et compagnie, mais où l'on demeure pour des raisons d'ordre culturel voire stylistique), surgit une chronique d'Emmanuel Tugny :
« Que s'en va-t-on au juste fêter, le 1er mai, muguet au poing pour une belle, fut-elle maman ? » Ou encore : *« Il fait bon en Libye. Je le sais : il ne pleut pas dans mon café. Les Libyens sont gens accueillants. Je le sais : cet homme m'a souri. »* Ou toujours : *« Toute pensée du monde se fonde sur la quiétude du donné. Sur le fait impassible qui questionne, en soi, le monde et soi. »*
Avec parfois un clin d'œil en pointillé (il n'y a qu'Emmanuel Tugny pour réaliser une telle figure jamais tentée de par le monde – même sous le chapiteau du cirque de Pékin) au cher Alexandre Vialatte (1901-1971), ancêtre du chroniqueur de presse qui se respecte – tout en respectant autrui : *« De toutes les présences quotidiennes, le cintre est sans doute l'une des plus mésestimées. »* (*Manuel Valls ou le cintre*)
Oui, il y a quelque chose d'épiphanique à tomber sur une chronique d'Emmanuel Tugny, au sein des colonnes électroniques de Mediapart, parmi tant de bruits et de fureur, dans la pulsation de l'actualité du monde. Se dévoile un regard, suffisamment aigu pour comprendre,

raisonnablement de biais pour tempérer sinon pardonner : « *Voici Emmanuel Macron, jeune homme vieux, Protée politique en marche vers ce qui fut, le confondant avec ce qui sera, abolissant l'élan primesautier du temps.* »

Le chroniqueur itératif ne se vit pas, en l'espèce, comme trop de ses congénères de Mediapart, qui déboulent tout hérissés, tels ces volatiles de basse-cour décrits, les « *barbillons à vif* », par Jules Renard puis mis en musique par Francis Poulenc. Vous savez bien, ceux qui entendent, « *de leur bec dur* », nous enfoncer leur prose dans le crâne !

Non, Emmanuel Tugny se vit – où nous invite à imaginer qu'il se vit – à la manière d'un forain itinérant de jadis, un montreur de lanterne magique, capable de soudain changer l'atmosphère d'un village par sa seule présence. Il expose sa chronique et le silence se fait: « *Il est des enfants des roses et des résédas, des jardins, des enfants que telle folie pousse à muser par les parfums sylvestres. Il en est d'autres qui, de toutes les essences, fussent-elles serrées dans des coussinets de lin pour rassurer la nuit, préfèrent la naphtaline et qui couvent la mérule quand leurs contemporains, hilares, courent ce qui survient de lièvre.* »

Mais oui : le tohu-bohu digital cesse. L'instant poétique supplante les logomachies de comptoir. *Le Poète parle (Der Dichter spricht)*, pour reprendre le titre de l'ultime pièce des *Scènes d'enfants (Kinderszenen*, 1838) de Schumann. Et chacun découvre sa rêverie indéterminée.

La photographie de l'auteur illustrant son blog est étudiée. Emmanuel Tugny sait tout ce que fit dire Roland Barthes, dans *Mythologies*, au portrait de l'abbé Pierre. M. Tugny sait peut-être aussi comment Jean-Luc Godard, dans les années 1960, s'en prit à la photographie du critique cinématographique de *France-Soir*, Robert Chazal (1912-

2002), obligeant ce personnage considérable, chef du service spectacle du quotidien de Pierre Lazareff, à changer d'effigie.

Dans son portrait du Fayoum anthume sous forme de cliché en noir et blanc, Emmanuel Tugny, *« écrivain, musicien, chroniqueur, né en 1968 »* se dévoile sans se dévoiler : de trois quarts, le regard vers une ligne de fuite laissée à notre imagination, l'œil à peine visible pour cause de lunettes hardiment chaussées, la bouche obturée par une cigarette largement consumée à laquelle s'accrochent – à moins qu'ils ne la soutiennent – deux doigts, le majeur et l'index, qui feraient le V churchillien de la victoire nonobstant la sèche. Que de freins sémiotiques en forme de cahier des charges : le chamane entravé nous dégage pourtant l'horizon en ses chroniques !

C'est ainsi qu'il peut écrire : *« Que l'imagination ne fût pas uniquement la "reine du vrai" (Baudelaire), mais qu'elle fût tout bonnement le vrai. Quand ils s'adressent à leurs enfants, à leurs amis, à leurs amours "tribaux"* [note cuistrissime de Bibi Trissotin Ier : il eût fallu écrire "tribales" en vertu de la règle voulant qu'amour, délice et orgue, substantifs masculins au singulier, deviennent féminins au pluriel !...], *ceux qui savent ce que savoir veut dire mentent et, ce faisant, ils abusent de leur autorité. »*

La chute de cette chronique, intitulée *Facebook et la peau*, renvoie aux réflexions qui durent procéder – mais on ne prête qu'aux riches ! – à la mise en ligne de la photo du chroniqueur afférente à son blog : *« À l'occasion d'une opération publicitaire, une jeune Hollandaise a fait mine de se faire tatouer sur les avant-bras les visages de ses 152 amis Facebook. L'image qui en résulte dit tout : dans l'ordre humain, la peau ne se nourrit jamais que du rêve d'un rêve. »*

Emmanuel Tugny, tout coruscant, allusif et aérien qu'il soit, descend dans l'arène et se coltine les commentateurs de Mediapart – à ne pas confondre avec la majorité des abonnés de bonne volonté –, dont certains ne supportent pas le style de notre chroniqueur. Edouard Herriot estimait qu'Antoine Pinay avait *« une tête d'électeur »*. Nous pourrions avancer qu'une poignée virulente de fâcheux compulsifs voudraient que chacun écrivît comme eux – avec un soc de charrue. Ce n'est donc pas le cas de M. Tugny. Loin de là. Il doit donc parfois faire face à une certaine rage démagogique, propre à ceux qui se sentent renvoyés à leur infériorité intériorisée et qui, du coup, n'exigent rien d'autre que le nivellement par le bas : que chacun écrive d'une aussi mauvaise plume que la leur !...

Au lieu de les prendre de haut, nimbé du plaisir aristocratique de déplaire, Emmanuel Tugny, avec une suavité de dandy, accompagne de tels râleurs jusqu'au mur rhétorique dans lequel ils foncent, tête baissée. Cette corrida intellectuelle, qui se joue, dans les déroulés de commentaires rattachés aux chroniques, ajoute au plaisir de lire, en le prolongeant avec une grâce cruelle et une distance ailée – meilleure réponse possible au populisme fulminant par les temps qui courent…

Les temps qui courent, pas besoin d'espérer les rattraper : ils sont passés par ici et repasseront par-là, s'il faut en croire le sort que leur fit notre chroniqueur, le 6 juin 2011 – l'époque est encore sous le choc de l'ingénu libertin DSK, sans oublier Georges Tron, fétichiste des arpions. Titre : *« L'éminemment politique. »* Chapô : *« Massages de pieds, régime sévère, enfant à naître, troussage ancillaire, partouses marocaines, listings truqués, berline de luxe, prix du mètre carré, alliances*

partidaires inféodées aux amitiés, aux inimitiés, aux filiations, aux pactes, aux souvenirs courts ou longs, à l'infini nuancier des affects... »
Début de la chronique, qui mériterait citation *in extenso*, tant on s'y croirait, tant on y est encore, toujours et en tous lieux, près de six ans plus tard : *« L'actualité de France est à l'éminemment politique...*

La cité de France vit au rythme de la réduction du politique aux aléas savoureux du devenir individuel ou plus exactement du devenir de l'individuel appréhendé comme "le distinct-même".

La cité de France règle ses comptes à la vieille querelle de caste qui reproduit depuis des siècles chez elle celle du peuple gaulois et de la noblesse franque ; elle fait la peau à ses aristocraties, ne concevant l'individu en politique que comme "sujet forcément distinct en tant que forcément le même".

La jouissance politique française contemporaine tient dans le constat que le représentant et le représenté se ressemblent, ayant chacun des vies privées, des fors intérieurs.

L'individu politique fait jouir quand il est le même individuel, à la fois distinct

("il a sa vie") et le même ("il a beau dire, il est comme nous"). »
Chacun des textes ici reproduits, brefs comme des coups de scalpel, oblige le lecteur à s'interroger, à la manière de titre qu'avait donné le réalisateur Raoul Sangla quand il avait filmé en 1989 un « récital poétique » de Ghérasim Luca (1913-1994) : *« Comment s'en sortir sans sortir ? »*

A.P.

Emmanuel Tugny

À ma Femme.

Un regard de l'autre

Ceux enfin qui font des maximes veulent être crus : je consens, au contraire, que l'on dise de moi que je n'ai pas quelquefois bien remarqué, pourvu que l'on remarque mieux.

La Bruyère, *Les Caractères ou les moeurs de ce siècle*

Emmanuel Tugny

POUR UNE PENSEE IMPURE

- 1 -

La valse emporte comme une mer. Il n'est pas aisé d'y concevoir. Quand la tête tourne, elle entraîne le jugement, quand "les tempes grondent" au rythme du coeur, elle est un coeur qui bat.

Le temps de l'entendement est si peu venu qu'il ne porte pas à la poitrine ce "chien noir" qui y ronge le sujet coupable de s'abandonner à ne pas voir.

Depuis l'assassinat de Charlie, depuis cette chavirante rédemption collective qui dit de l'espace national qu'il n'est point ce qu'on craignait qu'il fût, ce corps malade de la surévaluation de sa déprime, en imputant à telle identité d'autrui la responsabilité urticante, depuis cette contradiction portée par la vie idiote à la vie idiote, en somme, l'on se prend à penser que l'on n'a pas pensé et qu'il était bon que l'on n'eût pas pensé.

L'on se prend à penser que l'on n'a pas pensé les déterminations de crime, que l'on n'a pas travaillé à diluer la faute dans les raisons de la faute, l'on se prend à penser qu'on a été une brute, peut-être, que l'on a été l'enragé mécanique en qui le raptus fait loi.

L'on se prend à penser que l'on n'a pas pensé à nuancer d'un peu de rigueur herméneutique son enthousiasme, sa vocation aux larmes, au spectacle d'un consensus national peut-être pas si profondément, légitimement consensuel, enthousiasmant, émouvant.

Et l'on se prend à penser que cela était bon, *que cela, peut-être, était penser*, que penser était peut-être aussi reconnaître comme bonnes une rage et une joie dont la pensée est bien l'immanence, la critique le fondement intime, ancré, consubstantiel, insécable.

L'on se prend à penser qu'il n'y avait peut-être pas lieu de prendre ce recul qui arrache à l'émotion immédiatiste ce qu'elle porte bien de matière de pensée.

L'on se prend à penser qu'est peut-être le misérable, au sens de Pascal et d'Hugo, celui qui ampute sa rage et sa joie, pour tirer de cette amputation telle forme pure de la pensée, vierge, inaltérée, inaliénée, de leur substance de pensée vraie.

Viendra le temps de l'analyse, nous dit-on, viendra le temps de la pensée pure, dégagée de sa gangue sensible, débarrassée, affranchie, de sa souillure d'émotion, lessivée... Et si ce temps du recul était plutôt celui de l'assomption, de la reconnaissance en soi comme bonnes de cette émotion intelligente, de cette sensibilité morale, de cette rage et de cette joie irriguées par le courant puissant d'un sang ardent des valeurs que fonde la pensée ?

C'est à ce prix que, face à ce combattant dont la brutalité est l'immanence d'une détestation de soi et d'autrui, s'élèvera non pas la nuance complexée, impuissante, désarmée, d'une pensée fraternelle orpheline de colère et d'enchantement mais cette radicalité militante, féroce, au rendez-vous et au niveau énergique du défi proposé, dont l'amour de soi et d'autrui est tout à la fois la veilleuse, la flamme vive, l'âme, l'esprit et le stratège.

- 3 -

EMMANUEL MACRON, BLEU NAPHTALINE

Pour Solenn H.

Il est des enfants des greniers. Quand d'autres s'épuisent au verger, jouissant de ce qui lève et germe, brassant et foulant la pousse jeune, troussant la pomme à peine mûre, la mûre à peine pourpre, ils se sont réfugiés assis, herméneutes en herbe de livres vieux, féaux d'albums fanés, de fracs hors d'âge.

Leur jeunesse est celle des mites, elle vaut celle des abeilles.

Il est des enfants dont l'insouciance garantit la durée du pas et qui vont sainement nulle part.

Il est des enfants que leur mnémophilie pousse à goûter l'exténuation, à en convoquer les mânes. Ceux-là veulent être jeunes toujours, ceux-ci vieux déjà.

Il est des enfants dont le rêve est celui de l'inaltérabilité de la peau de chagrin, d'autres dont le rêve est celui de la permanence de son dernier état.

La jeunesse ne se borne pas toujours à ignorer l'âge vermeil, il lui convient parfois de le refouler comme son monstre, il lui convient aussi, parfois, de désirer « en être » par goût vrai ou depuis le sentiment que le chemin est illusion ou vanité, qui y mène tout droit, et que le saut d'une étape est produit de sagesse.

Ainsi peut-on se mettre « en marche », non pour goûter le voyage, non pour aller vers le neuf, mais pour gagner plus vite le terme que l'itinéraire offusquait.

Emmanuel Macron est, semble-t-il, de ces enfants-là, qui séjournent en la fraîcheur patinée du grenier.

 On le constate en marche, pressant le pas, poussant la voix et l'envie prend de se demander vers quoi tend la marche, où mène le pas, ce que conjure la voix.

L'on s'interroge et l'on écoute.

Initiative libérée, société civile exhaussée, légitimité partagée, persévérance en soi prisée, idéologie démonétisée, primat de l'offre consacré, vieille politique daubée, humanités, culture classique réifiés, partis et corps intermédiaires flétris, gauche et droite transcendées, état-providence satanisé, Europe vraiment fédérale caressée puis prorogée : voici ce qu'on entend, voici ce qu'on écoute, voici ce qu'on lit, tout au charme de la circulation en l'esprit nostalgique d'une voiture de masques où commercent avec courtoisie les fantômes politiques de Jean Lecanuet, Valéry Giscard D'Estaing, Bernard Stasi, Jacques Barrot, Simone Veil, Dominique Baudis, Michel Rocard, Christian Blanc, Jacques Delors, François Léotard, Jean-Pierre Soisson, Olivier Stirn, … François Hollande : Indépendants vintage, radicaux de gauche de toujours, valoisiens parce qu'il faut bien vivre, deuxième gauche de retour, Parti républicain des années Jeanne Mas, UDF des années disco, Convention des institutions républicaines des années twist, UDSR des années Piaf…

Il est des enfants des roses et des résédas, des jardins, des enfants que telle folie pousse à muser par les parfums sylvestres.

Il en est d'autres qui, de toutes les essences, fussent-elles serrées dans des coussinets de lin pour rassurer la nuit, préfèrent la naphtaline et qui couvent la mérule quand leurs contemporains, hilares, courent ce qui survient de lièvre.

D'autres enfants qui lisent Paul Ricoeur, qui le lisent jusqu'à l'aimer et qui fondent une éthique sur une mémoire ou, peut-être plus sûrement, sur le goût, étrange à l'insouciant, qu'ils en ont.

Nul ne songerait à faire reproche à Emmanuel Macron de telle légèreté, nul ne songerait à contester son sérieux, ce sérieux que gaine un vêtement comme rêvé par Terence Young, c'est presque le contraire…

L'on peut au contraire s'étonner de ce qu'un jeune homme ait en tête, prenant pied sur le chemin, d'y prendre pied pour gagner le temps vieux, d'y prendre pied comme pour atteindre le bel état d'exténuation où l'on contemple ce qui advient comme un présage de ce qui est toujours advenu.

L'on peut s'étonner de ce que ce jeune homme hurle jusqu'à « se faire » la voix rauque de celui qui, à l'instar du Gabin de Dabadie, « sait qu'on n'sait jamais ».

- 7 -

Voici Emmanuel Macron, jeune homme vieux, Protée politique en marche vers ce qui fut, le confondant avec ce qui sera, abolissant l'élan primesautier du temps.

Voici Emmanuel Macron, accordant au mot « révolution » son acception originelle de « retour au départ »...

Voici venir ce qui est sans âge, ce qui est politique contre ce qui est temps, ce qui est devenir contre l'Histoire, ce qui est récit sans récit, dirait peut-être Tonton Ricoeur...

Il est des enfants que l'on aime et dont on regrette cependant qu'ils croissent à couvert de la vie.

L'on aimera Macron mais l'on votera pour vivre.

LA VRAIE VIE EST ICI

- 8 -

Vu de France, la vie est un archipel de douleurs.

On s'y traîne, on y sonde ses plaies, on y geint à l'unisson.

L'ordre de France est le soufflet reçu, l'exercice imposé, l'avanie.

Une étrange fatalité condamne le peuple de France à ne plus faire au monde que l'expérience amère du châtiment.

Rien ne va plus : la fille aînée de l'Église est aussi son bouc au désert christique. L'on pressent qu'elle paiera pour l'arrogance ruineuse de l'occident consumériste et régressif, à la fois avide de tout, dévoré par un tropisme dévorateur et pusillanime, rétif à vivre son aventure prédatrice à découvert, protégé par l'égide aux dépenses astronomiques de ses états centraux faussement providentiels, vraiment vampires.

L'heureuse vocation internationaliste de la voix française, de cette vertu « toute de France » fondée sur l'éducation, la culture, l'inventivité sociale, la péréquation républicaine, tonne dans des abysses archaïques.

Feue la France est fessée, talochée, punie.

Une considérable et invisible fourmi, faisant figure de dieu caché de sa tragédie contemporaine, lui fait le reproche sourd et continu de ses vilaines manières de cigale.

« Ton tour est passé, il faut passer à la caisse, la vie est ainsi faite que le tour de chant estival y est à compte d'auteur…», sermonne la fourmi sourcilleuse…

Et cette fourmi dont l'un des noms est « nouvel ordre économique mondial », la France à la fois courbe l'échine et lui obéit et à la fois maugrée et ricane dans sa barbe de trois jours contre ses incarnations, ses anges séculiers, ses envoyés : l'assisté social, le chômeur cynique, le patron voyou, l'odieux laïc, l'abject fidèle, l'étatiste ringard, le libéral dépassé, le riche, le pauvre, le rom, le juif, l'arabe, le jacobin, le politique, l'apolitique, le girondin, l'intellectuel, l'artiste, l'ignare, la brute, le voisin, le lointain, l'homosexuel corrupteur, l'hétérosexuel censeur, le despote mâle, l'anarchiste femelle, le vieux qui s'accroche, le jeune qui dérape, l'Europe, l'Europe, L'Europe, son absence, son absence, son absence...

L'enfer c'est l'autre. Autrui est le masque et le bras séculier de la vie qui bourrelle celui qui voit depuis la France.

Le bon projet, le projet juste est, vu de France, celui qui, radicalement, crûment, dit à l'autre sa faute, l'inconvenance et la cruauté de sa présence qui est constant reproche.

Celui qui tonitrue le contraire, passe les bornes pour dire l'urgence et le bonheur de la fraternité, du recours à l'autre devant le reproche, est prophète pour rien.

La cigale de France était chanteuse : la voilà goguenarde, grognon, ronchon, amère, mauvaise…

La fourmi voulait qu'elle s'en voulût : elle en veut à l'autre qui lui en veut, c'est gagné.

Telle est la plaie de France, l'invasion par la cigale, pas n'importe laquelle : la cigale acide, la cigale aigre, la cigale en descente, la cigale qui cuve, la cigale bridée, la cigale qui bride, la cigale injuriée, celle qui injurie…

Celle pour qui le malheur de la cigale est en l'autre cigale.

Celle pour qui l'identité de l'autre cigale se fonde sur le malheur de la cigale.

Celle pour qui l'identité malheureuse de la cigale est immanente à l'autre cigale, inscrite en l'autre cigale.

Celle pour qui l'identité d'autrui est sa fatalité malheureuse. Son malheur.

La vraie vie de cette France-là est ailleurs, chez Amélie Poulain, Dominique Rocheteau, Charles de Gaulle et Pierre Mendès-France, Jaurès et Trénet…

Puis vient Mahmoud Abbas, un dimanche, dire de la Shoah ce qu'elle est et, ce faisant, retourner la vie, reconnaître en majesté l'autre comme autre, faire litière de l'héritage terrible en quoi consistait le fait de ne jamais l'avoir conçu que comme une identité tortionnaire.

Puis vient Mahmoud Abbas le deuxième dimanche de Pâques, celui de la miséricorde chrétienne, offrir le cœur d'un peuple à la misère de l'autre, faire le don de reconnaissance au cœur de l'autre, pardonner à l'autre en lui faisant le crédit d'être lui aussi l'enfant des raisons de son cœur…

Puis vient Mahmoud Abbas changer tout à coup la vie.

Puis vient Mahmoud Abbas sonner à la porte de France pour dire : « la vraie vie est ici, le monde est l'heureuse surprise du monde : ce que l'autre reproche et se reproche, et reproche se le reprochant, et se reproche le reprochant, *c'est qu'on ne l'aime point.* »

Puis vient Mahmoud Abbas dire aussi au Pays de France : « aime et tu souriras ».

Emmanuel Tugny

ESTHETIQUE DE LA COLERE

- 12 -

Ne nous y trompons pas : la colère est une affection.

L'on entendra ici qu'elle est une maladie. L'étymologie ne ment pas : la « cholère » est un échauffement de la « *cholera* », de la bile, dont la conséquence est la rupture du pacte horatien de brièveté de l'ire, passion de l'âme dont la particularité est d'être un ravissement de courte durée (*ira furor bevis*).

La colère est une pathologie, une passion, elle fait de l'atrabilaire, de sa physionomie atteinte par un débordement interne, une fièvre, jaune, noire, le martyre, le réceptacle victimaire d'un dérèglement interne du naturel.

La physiognomonie l'a compris : la colère est inscrite dans le visage, ce qui est donné à voir. Elle est la couleur et le goût pressenti du portrait. Elle ravale et ravage la façade.

Le colérique figure la bile en sa redoutable amertume. Il figure la durée subie de l'ire, la ténacité en lui d'une passion, d'un supplice.

Il n'est pas beau à voir, le colérique, c'est qu'il souffre dans sa chair d'un dedans.

Il « incarne » ce qu'il subit de douleur interne.

Il incarne ce qu'il subit de douleur.

Et l'on a beau connaître qu'elle le torture du dedans, cette douleur biliaire, l'on a beau faire effort sur soi pour la cantonner à l'intime, au for intérieur, l'on ne peut longtemps s'empêcher de voir dans l'apparence, dans la « face » de la souffrance cholérique, la sœur de celle que provoquerait l'événement extérieur, l'accident, l'agression du décor, du contexte, d'autrui.

Celui est qui colérique souffre de son dedans mais il ressemble tant à celui qui souffre de son dehors…

Et si le malade colérique, cette victime de soi, était victime d'autrui ?

Et si le colérique n'était pas tant un malade organique, possiblement congénital, atavique, que la proie des tourments de l'injustice du monde ?

Il ressemble tellement à la victime de ce qui est hors soi, le colérique, que l'on se demande s'il n'a pas quelques raisons d'en vouloir au monde, à autrui, que l'on se demande si la victime du dehors et le bourreau de soi-même, « *l'héautontimoruménos* » cher au dramaturge latin Térence, mais côté clinique, ne sont pas une seule et même essence… Certes, l'échauffement du liquide biliaire et le chômage ne relèvent pas d'un champ uni des causalités mais l'effet est le même : le visage de leur patient est colérique.

Or, c'est le ressort historique du sujet totalitaire que d'œuvrer à ce que cette confusion s'opère qui transgresse la limite mimétique entre colère d'essence interne et colère d'essence externe.

Le sujet totalitaire réifie sa colère en la transposant.

Le sujet totalitaire est un patient dont la chair, souffrant du dedans, est cette chair même dont il fait usage afin d'incriminer le dehors pour cette souffrance.

L'on pourrait à bon droit nommer totalitaire la confusion organisée, scénarisée, verbalisée, « rhétorisée », esthétisée, entre une souffrance intime et une souffrance adventice, venue du criminel dehors.

Le sujet totalitaire « fait », construit un tout, un embrassement, il repeint le monde à ses couleurs, il fait du monde son blason.

Il fabrique l'un depuis soi.

Ainsi, il repeint aux couleurs de sa bile, chauffée à blanc, noir ou jaune et qui le torture, ce monde où il est patient et dont il devient, par assimilation esthétisée de l'extérieur à l'intime, la victime.

Le sujet totalitaire n'est pas une victime, il est l'aliénation esthétique en une victime d'un malade de sa bile.

Il n'est point le généreux porte-voix du damné de la terre mais celui du malade.

Ainsi, si Marine Le Pen et le Front National ne sont pas des sujets politiques au sens traditionnel, ce n'est pas par polarisation de leur positionnement politique, c'est par vacance en eux du politique.

Ce n'est pas que le Front national ne soit pas « un parti comme les autres », *c'est qu'il n'est pas un parti "politique" du tout*. Sa raison d'être au monde ou à la Cité est radicalement anti-politique. Son projet n'est pas de construire la cité à venir, la *polis* de demain, mais de faire du monde cet océan de bile qui rend supportable et compréhensible la souffrance muette de ses membres et de ses affidés.

Souffrir de quelque chose d'intime est plus supportable quand ce quelque chose est affrontable au dehors *en tant qu'objet.*
Cette bile qui tourmente, voilà que c'est Bruxelles, le rom, l'euro, l'UMPS, le riche agioteur, le pauvre assisté…

Voilà que je *vois, que je connais comme objet,* ce qui me tourmente…
Meilleure des hypothèses : « c'était donc cela, ma bile ! remédions-y, sus à l'attaque virale ! »

Au pire, si ce n'était pas cela, cela aussi « fait bile » et si je ne puis l'éradiquer en moi en l'éradiquant au dehors, je puis à tout le moins trouver un peu d'antalgique dans le pouvoir conquis en l'incriminant ou dans le choc d'adrénaline agonistique qui en résulte : « sus à l'attaque virale ! »
Le sujet totalitaire souffre moins quand le monde est sa souffrance. Sa colère est apaisée quand elle est fondée en autrui, quand le mal qui ronge l'âme prend le visage grimaçant d'un monde tortionnaire.

Le Front national est un hôpital de jour, ce n'est pas un parti politique, voilà le fond de l'affaire.

Son succès actuel est le corollaire d'une souffrance biliaire de l'électorat à qui l'alliage de l'esthétisation de sa douleur et de son imputation au dehors restitue une dignité perdue.

Le peuple de France souffre du monde, c'est indéniable. Mais il souffre aussi de soi et c'est cette souffrance célibataire que soigne la pompe à morphine narcissique dénommée "Front national".[2]

Ce que le Front national désigne, pour calmer ses propres attaques biliaires, comme les causes du malheur français, il convient bien sûr, pied à pied, de le désigner comme le recours, la sauvegarde de celui qui est en France dans l'épreuve mais il faut faire mieux : il faut pied à pied le présenter comme le produit miraculeux de son courage et de sa vertu historiques. Le peuple français ne veut pas aimer Bruxelles, le rom, l'euro, l'UMPS, le riche agioteur, le pauvre assisté, il veut s'aimer soi-même…

Or, l'Europe de la paix, l'hospitalité à la misère, la réconciliation républicaine, la rupture avec l'inceste, le paternalisme économique antérieurs à l'ouverture boursière, l'attention collective et paritaire à la marge sociale, tout ceci est non seulement recours mais encore victoire historique d'un peuple sur sa bile. Le peuple français a conquis cela, il l'a conquis contre l'âpreté, l'amertume, l'aigreur de sa bile. Ce dont il souffre, c'est cela qui seul peut en éviter l'aggravation des symptômes.

Mieux : c'est cela qui lui indique la voix du recouvrement de cette fierté de soi dont il est en quête.

Deux voies se dessinent devant lui : l'atténuation médiocre de la colère par la culpabilisation d'autrui, la guérison que

---

[2] L'on s'amusera ici en donnant au mot « front » son sens figuré de « culot ».

porte la conception confiante d'un devenir commun fraternel, solidaire, courageux et superbement inventif.

- 17 -

FRANÇOIS HOLLANDE, CABOTIN CABOTEUR

Quelle gouvernance, en temps de crise ?

Quel capitaine, dans la tempête ?

Pour la traversée de cette tempête d'aujourd'hui qui place en opposition d'immenses territoires, des champs de forces considérables, des empires logiques insécables, des ensembles immensément abstraits et cependant bourreaux de l'ordinaire millimétrique, quel capitaine ?

Et si le capitaine de pédalo était le bon ?

Et si l'on faisait erreur en lui préférant, à l'instinct, le commandant impavide du croiseur, de la frégate ou du torpilleur ?

Et si l'on avait oublié, par lassitude du sinueux, du mobile, du nébuleux, du vaporeux, de l'indéfinissable, de l'indécis grand large contemporain, par goût de l'affirmation énergique, par goût de l'émergence hystérique, de l'érection faite politique, les innombrables vertus du cabotage ?

La navigation de port en port, de passe en passe, de grève en grève, de cap en cap, le long des côtes, celle que pratiqua, faute de santé, le poète maudit Tristan Corbière, rêvant de long cours, a, certes, la dignité de la promenade matinale le long des haies d'épicéas rapportée à l'épique, elle fleure son pépère, son notable radical en pantoufles.

Le flirt avec le cap (« caboter » vient de « cap »), qui ignore la verticalité intrépide de la plongée dans l'horizon, de la terre, de la mer ou du ciel où ils se confondent, est une économie, une retenue, une soustraction, une moins-value, une non-attitude (une « *steresis* », diraient Aristote ou Agamben), un dommageable refus d'aventure.

Celui qui, entre les continents élémentaires, entre les espaces immenses et sous les sphères, caresse, pour le sonder, chaque segment du tracé côtier, celui-là est-il le bon père pour fendre la bise de la crise mondiale, du « grand branle du monde » du contemporain mutant ?

Et pourquoi pas ?

La reconstruction de la fiction, de l'Histoire contée du monde, est aujourd'hui affaire d'experts. Les territoires physiques, moraux, sociaux, économiques autrefois dessinés par un Le Testu, inventés par Cyrano, l'Abbé Castel de Saint-Pierre, Tiphaigne de la Roche, Restif, Proudhon, par les utopistes, les meilleurs ou les pires, ces territoires au fond simples, sécables, cartographiables, ces paysages à icônes, puissamment contrastés, ont vécu. Ils ont été remplacés par des latitudes illisibles, complexes dans le complexe, caractérisées par l'interpénétration de tous les ordres, de toutes les forces, par l'uniformisation substantielle, par l'irrésolution inhibante engendrée par la démultiplication des liens entre les éléments phénoménaux, entre les événements, entre les données, entre les conduites, entre les êtres et en leur cœur, par la dissolution des icônes en une sorte d'identité rhizomatique sans visage, sans incarnation physique, sans corps simple qui en puisse dire quoi que ce soit sinon pour soi (le retraité américain, le plombier polonais, etc.).

L'expert, qui est cerné d'experts, a fabriqué, pour son compte d'experts cerné de pairs, un grand large, une nébuleuse, une vapeur, une substance sans contour dont le centre est partout, la circonférence nulle part…

Dont la circonférence et le centre demeurent à trouver…

N'est-ce pas là le rôle du caboteur ?

N'est-ce pas le rôle du caboteur, celui de l'infirmier à la seringue, du puncheur, en cyclisme ou en boxe qui, devant l'agitation des masses, devant leur apparente difficulté à se donner comme chemin, à déplier leur plan, à désigner la veine, la piste, le tracé, la corde, frôlent, tâtent, caressent et puis accostent, piquent ou frappent ?

Le grand Baltasar Gracián a tout dit, après Sénèque et Machiavel, de cette Prudence dont le christianisme a fait, au XIII ème siècle, l'âge de la révolution courtoise, l'une de ses vertus cardinales.

Il a, mieux qu'aucun autre, vanté les mérites en politique de cette sagesse, de cet héroïsme particuliers du caboteur mondain, de celui qui frôle le monde, le renifle, le régale de caresses, en sonde l'apparence avant que de s'y aventurer et d'y engager les siens.

Les attributs du prudent, le miroir et le serpent, sont aussi ceux du caboteur, qui observe la côte, qui observe le large, qui observe l'un et l'autre simultanément et s'observe dedans avant que de se faufiler, le détroit, la passe, le conduit repérés.

Et si le caboteur est cabotin, adepte du mot d'esprit, de la « petite blague », de ce mot d'esprit, de cette petite blague qui n'offensent pas, que tempère l'aménité, c'est qu'il se fait miroir d'autrui, qu'il fait de soi un miroir, qu'il frôle, caresse l'autre pour tester, la gardant, sa distance ; c'est qu'il teste en même temps la distance du prochain ; il est accort, il n'est pas sympathique, il ne plonge pas aveuglément en l'autre, il proroge le moment du piqué, de l'étreinte, il crée et se crée de l'aisance afin d'éviter l'embardée.

François Hollande est un capitaine de pédalo, un caboteur, un cabotin ?

Soit.

Lui préférerait-on celui qui, faisait d'emblée irruption au risque de faire retraite, enfonçant au risque de défoncer, forçant le territoire pour s'y perdre, décidant sans connaître, aimant sans mesurer, détestant sans contraindre à apparaître, s'arrogerait le droit de simplifier la vie, d'y inscrire au couteau son propre portulan ?

Lui préférerait-on le pourfendeur, le manieur de soc, celui qui distingue, qui clive, qui démêle à la hussarde ce qui a été, de longtemps, mêlé.

On le peut : c'est qu'on en a assez, aussi, de ce temps boa qui étouffe à force d'ampleur, c'est qu'on ne peut plus le voir en peinture, ce temps que l'on ne peut plus voir en peinture, justement, parce qu'il n'est plus qu'un nuage, qu'une masse informe sans répartitions nettes.

On le peut : c'est qu'on entend que quelque chose y émerge enfin que l'on voie, que l'on voie d'évidence, qui sautille, qui cabriole, qui fasse mouvement, qui incarne la perception claire et distincte, la forme.

Mais cette forme, cette émergence, elles s'essoufflent vite si elles n'ont pas rencontré la voie bonne, la bonne passe, le bon cap, le *kairos* (l'opportunité) ; et puis, pour s'imposer comme forme, comme émergence, elles en créent autour d'elles, se distinguant ; elles se départent, elles désignent l'autre, elles dessoudent, elles dissolvent la communauté en souffrance, accroissant son mal.

Le caboteur et le cabotin l'ont compris : ils font apparaître, ils font se distinguer au moment juste, au moment où cela fait le moins mal, où cela est prospère.

Ils rient, ils badinent, ils acquiescent en souriant pour émerger sans exclure, pour faire prévaloir une architecture du complexe depuis l'examen du « moment venu ».

Hollande, comme Obama, est un caboteur, il est un cabotin caboteur.

George Foreman succède à Muhammad Ali.

Aucun n'est normal : l'aventurier névralgique au bonheur la chance a cédé la place à l'économe psychique toujours en embuscade, toujours en respect. Les deux incarnent si absolument leur part de l'éthique qu'ils en deviennent archétypaux, c'est-à-dire rien moins que normaux.

A Sarkozy l'embardée, le « va comme je te pousse », les forceps et, partant, la reculade d'aval ; à Hollande la lenteur de l'examen, le méticuleux procès des forces en présence et, partant, la reculade d'amont.

Aucune mollesse, chez Hollande, aucun flou, si on veut bien en toute chose considérer les fins.

L'homme fut rocardien, deloriste, jospiniste, sa cohérence doctrinale n'est plus à démontrer.

Il court de succès électoral en succès électoral et, referendum européen à part (« *pacta sunt servanda* », dit-il à Fabius, qui tourna les talons…) n'a jamais connu d'échec cuisant, non plus qu'il n'a été, comme tous ses prédécesseurs -et le parti lui-même-, à la tête du parti socialiste, la victime expiatoire du jeu morbide des *courants*.
Caboteur…

Qu'on ne s'y méprenne pas : la voie, la perspective Hollande est assurée. Elle en passe par la section du geste politique en deux moments corollaires : un long moment d'examen passif des logiques en présence, logiques que l'on « laisse venir », à qui l'on accorde la parole, toute la parole, laissant par la même occasion la cacophonie s'installer, puis un moment de décision franche, soudaine, tenace, brutale qui donne à tel ou tel l'impression fausse de trahison puisque l'ayant écouté, écouté longuement et gentiment, on ne lui a pas donné raison.

Hollande balance, balance, balance pour plonger, il ne balance pas : il plonge.

Hollande écoute, écoute, écoute, pour décider, il n'écoute pas : il décide.

Hollande contourne, contourne, contourne, pour entrer, il ne contourne pas : il entre.

Société, Europe, Mali et Somalie, c'est tout un : une volonté nourrie de doctrine sociale-démocrate, de fermeté républicaine, cabotine et cabote pour repérer où et quand prendre, où et quand lever, où et quand prévaloir.

L'on sous-estime le capitaine de pédalo : il est sans doute le seul qui, en dernière analyse, aura sinon trouvé le cap, *du moins suivi le sien.*

Emmanuel Tugny

LES TROIS MOUSQUETAIRES DU
DISCOURS POLITIQUE

Les maîtres de la rhétorique ancienne, Platon, Aristote, Cicéron, Quintilien, mirent au monde trois inséparables bambins dont les descendants courent encore aujourd'hui les plateaux de la Cité. Ils ont un peu les noms des mousquetaires galopeurs de Dumas : Logos, Ethos, Pathos.

Logos a pour soi la concentration sur le message, le contenu, le sujet et son architecture logique, sa cadence rationnelle, il a pour soi d'être en prise, devant l'auditoire, avec ce qu'il entend lui dire. Peu lui chaut d'être ou de ne pas être, peu lui chaut que l'on soit ou que l'on ne soit pas devant lui : seul lui importe que le fait soit dit, dans sa circonscription, dans ses dimensions, sous ses vertébrations, ses articulations de fait.

Logos, au fond, dit quelque chose, voilà ce qui importe à Logos.

Il a ses rejetons, au champ politique moderne : Mendès, Rocard, Delors, Bayrou, Borloo, Hollande, Juppé, Jospin.

 Ils ne sont pas les plus roboratifs, les plus érotiques, les plus envoûtants, les plus ravissants de nos rhéteurs, l'adhésion qu'ils suscitent ne se fonde point sur une culture de la pensée apéritive mais à tout le moins s'essaient-ils à dire indépendamment du sujet ou plus exactement du masque, de la *persona*, en deçà de la prise de parole.

Ils donnent l'illusion que quelque chose de quelque chose est atteint à travers une incarnation humble qui se soumet, presque en medium, à la parole de quelque chose qui les dépasse et qui les meut, les traverse, les faufile : qui les subordonne.

Ethos a pour soi de ne « pas être n'importe qui », ce n'est pas qu'il ne dise rien, mais ce qu'il dit, il le dit à travers soi, à travers l'opacité, la présence solide, la densité d'une ipséité, d'une individualité, d'une personnalité écrasante et qui, incarnant ce qui est dit, le dit en tant que telle. Ethos *est*, il est et dit *depuis ce qu'il est*. Il incorpore le message au point où le message et lui ne font qu'un, où ce qui est offert au public, ce n'est pas une voix dédoublant un réel antérieur à la prise de parole mais un corps qui est le fait, le réel, le dit, le message.

La logique n'inféode pas le corps, elle est le corps même, objet logique, mû par ses propres réglementations mécaniques, affranchi de cette sorte de « néant d'être » qu'est la vérité précédant l'avènement du corps devisant. Ethos se montre pour montrer, rien n'indique qu'il croie que quelque chose précède cette exposition de soi. Ethos émet, ce qu'il émet, c'est Ethos, ce qu'il dit, c'est ce qu'il est, il est avant tout un être qui est, sa présence est garantie de vérité, son corps authentifie : qu'il disparaisse et demeurera un doute sur la permanence de cette « vérité qu'il est ».

Ethos, au fond, dit Ethos, voilà ce qui importe à Ethos.

Il a ses rejetons, au champ politique moderne : Chirac, Mélenchon, Le Pen Marine, Joly Eva, Montebourg, Fillon, Valls, Mitterrand.

Ils ne sont pas les plus doctes, les plus généreusement pédagogues, ils ne sont pas non plus toujours les plus

« lâchés », les plus stimulants, les plus ensorcelants de nos rhéteurs, l'adhésion qu'ils suscitent ne se fonde ni sur la culture du savoir apéritif ni sur celle de l'emballement charismatique mais à tout le moins s'essaient-ils à signifier du sujet ou plus exactement du masque, de la *persona,* qu'ils peuvent être conçus en politique comme l'exemple depuis lequel s'édifie le forum, le conseil, l'assemblée, le corps collectif citoyen.

Ils donnent l'illusion que quelque chose de quelque chose est atteint au moment de cette incarnation où entrent en symbiose et en émulation quelque chose et le corps du passeur de quelque chose, ce corps qui est peut-être ce quelque chose même…

Pathos a pour soi la dévotion à l'auditoire, le goût du public. Pathos est un « entertainer », un « show-man », il brûle les planches afin qu'on y danse. Ce n'est pas qu'il omette de dire, ce n'est pas qu'il omette d'être mais il est et il dit dans ce qu'il fait éprouver à l'autre. Il est dans l'autre. Il dit dans l'émotion d'autrui. Il dit dans les rires et les larmes de son auditoire. C'est l'autre qui dit pour lui, en quelque sorte. C'est la réception de son discours qui achève son discours, toujours ouvert, toujours offert à sa complétion par son prochain.

La logique n'inféode pas le corps du diseur, elle est le corps de son public, objet sensuel et sentimental, producteur de sens depuis sens et sentiments convoqués par une voix, par un corps offerts, par une disposition à « sentir l'autre », à ouvrir le discours à sa terminaison par l'altérité.

Certes, l'émotion passée, demeure un doute sur la permanence de la vérité ressentie mais à tout le moins aura-t-elle fait son chemin et ce doute ne saura plus être celui du pyrrhonien : ce n'est pas que le public de Pathos doute qu'il y ait, *il doute désormais qu'il n'y ait pas*, voici le gain.
Pathos, au fond, fait sentir quelque chose qui en dit long, voilà ce qui importe à Pathos.

Il a ses rejetons, au champ politique moderne : Villepin, Royal, Sarkozy, Copé, Le Pen Jean-Marie, Malraux, Duflot, Laguiller.

Ils ne sont pas les plus conceptuellement scrupuleux, les plus âprement instructifs, ils ne sont pas non plus toujours les plus personnellement substantiels, les plus continents, les plus cohérents, les plus conséquents de nos rhéteurs, l'adhésion qu'ils suscitent ne se fonde point sur une culture de l'analyse et de la construction du vrai, elle ne se fonde pas non plus véritablement sur la substitution au vrai inatteignable d'un corps « personnel » qui en tiendrait lieu mais à tout le moins témoignent-ils de ce que le politique n'est rien sans l'adhésion intime de la communauté à la formulation d'une vérité du monde instable qui est aussi une proposition ouverte à sa considération par l'intime.

Logos, Ethos, Pathos… trois inséparables compagnons à qui, cependant, manque aujourd'hui, *cruellement*, une égérie…
Car la pensée du vrai, la formulation de soi qui la vaut, l'appel à la communauté sensible qui l'y entraîne ont ceci en commun qu'ils sont devenus terriblement orphelins de cette inventivité libératoire à visée collective qui, seule, sait mettre

au pas l'oppression douloureuse du vrai, de la personne et de l'émotion…

Logos, Ethos, Pathos, trois inséparables compagnons à qui, cependant, manque aujourd'hui, *cruellement*, une égérie, une muse…
La désoeuvrée, la regrettée *Poïesis*…

LE DEGRE AYRAULT DU POLITIQUE

L'apéritif horizon social-démocrate est enfin atteignable…mieux : ses terres rassérénantes sont en vue.

La probe, l'austère subordination de l'individu gouvernant aux milles nuances de gris de sa tâche, l'attique, la parpaillote inféodation de l'obscénité d'une option politique marquée aux petits pas de la réforme forcément juste -puisque centrale- est en marche *radicale*…
Le politique gestionnaire incolore a trouvé son petit père timonier : Jean-Marc Ayrault.

Face à la figure du Premier ministre, incarnation de la belle *mediocritas*, de la prudence antiques et classiques, du mode mineur fondé en concentration sur l'agenda journalier, tout est démesure, tout est *hybris*.
Une chose est d'être normal, autre chose est de pousser les feux de la douche tiède jusqu'à faire passer le normal pour l'impudique, l'ambition politique légitime, le dessein attendu, pour lubies de vibrions.

Or, Jean-Marc Ayrault est bien ce « normal »-là, auprès de qui tout est tératologique, fou, impétueux, outrecuidant, outré, de ce qui n'est au fond que politique.

Voici que le jeu s'inverse, que le corps doctrinaire et le verbe courts en quoi le dieu Norme a rencontré sa forme politique terrestre tiennent lieu, au coeur du paysage politique, d'exceptions glorieuses.

Or, si l'excès nerveux, le spasme, la névralgie du Président Nicolas Sarkozy pouvaient et devaient sans doute inquiéter, qui rapportaient le rythme politique à celui des foucades d'une âme torrentueuse et contrariée du dedans, la bonace lénifiante, l'aveuglement téléologique, le renoncement à la vision, à ce verbe qui entraîne au forum un peuple sidéré par l'angoisse du devenir, le retranchement de tout pas audacieux, la crainte affichée de tout écart utopiste, l'enlisement de la Cité imaginaire -vers quoi chemine sans doute une gauche digne de ce nom- dans les sables mouvants d'une pensée empêchée, frileuse exprès, tout ceci est également de nature à inquiéter.

Si la danse de Saint-Guy impavide est le risque du politique qu'elle soumet à l'irrésolution du temps, la ronde immobile, timorée, est un autre risque du politique : le pic-vert et l'autruche en politique ont ceci en commun qu'ils ne créent ni n'éveillent la Cité à venir mais subissent le joug de ses aïeules saumâtres.

Or, un ordre est mort, celui du songe étatiste, son meurtrier supposé se meurt, celui de l'initiative libérée : tous deux ont vécu la vie brève de ce qui ne se ressource pas au vivant ; le despote et l'argent sont morts de solitude, d'une viduité, d'un célibat d'avec la vie, celle du peuple, celle de l'activité réelle.

Une Cité est morte qui nourrissait son devenir de la servitude du vivant.

Et voici que le politique est convoqué à réinventer non pas la vie mais une politique de la vie, à penser *ex nihilo* une Cité neuve, une vie publique neuve, de nouveaux rapports

citoyens étayés par l'assomption du vivant, la reconnaissance, comme fondements possibles du politique, de ses méandres, de ses contradictions, de ses fulgurances.
Le temps est à l'invention d'une Cité désirante garantissant l'expression démocratique de la vie, de l'émergence, de la création, de l'invention comme substrats du contrat social.

Le temps est à la formulation publique d'un projet de société nourri de cet amour de la vie qui n'est rien moins que la peur de la mort.

Sarkozy navrait, qui préférait à la construction du monde neuf la réaction erratique du fauve à l'hallali.

Ayrault consterne, qui semble préférer à la construction du monde neuf la réaction du résigné rasé de frais.

« Normal », Jean-Marc Ayrault gouvernant ? Pas davantage que ses prédécesseurs, car s'il est une norme, au champ humain, c'est celle en quoi s'inscrit celui qui, lorsque le monde l'opprime, aspire à le refaire, *à faire monde*.
La peur aliène : le rêve politique est bien une tâche impérieuse, normale, des jours.

Elle n'est pas la seule, elle est la principale.

Emmanuel Tugny

"QU'EST-CE QUE C'EST, "NORMAL"?"

Je me souviens que dans la préface de ses *Confessions*, le tricentenaire Rousseau Jean-Jacques posait en substance, alors qu'on ne lui demandait rien, qu'il était, tout bien considéré, « le meilleur des hommes »[3].

Or, voici qu'un lointain épigone bonhomme confesse « je suis un président normal », alors qu'on ne lui demandait rien, alors qu'on n'en doutait pas et voilà que je m'interroge, comme Jean Seberg, *mutatis mutandis* :
« Qu'est-ce que c'est, normal ? »

J'imagine que ce "normal" fait de François Hollande une sorte de signe, d'idée de soi, de parcelle d'un corps collectif défini par la norme.

J'imagine que cette profession de soi sommative voulait faire justice de la subordination du politique au sujet, au personnel, au privé, faire sa fête à la subordination du sort civil, du sort civique, du sort de la Polis, au sort de cette peau qu'on sauve, le temps de la tendre au créateur pour emballage mais, comme le créateur, fermons la parenthèse « danse macabre » .

Or, patatras, voici que le sujet fait retour en Hollande sous la forme d'un tweet rageur (« Tweet rageur à la Rochelle » aurait au demeurant fait un excellent scopitone pour « Salut les copains ! »). Voici que le sujet dissous dans la norme, comme son électeur dans les normes sans visage des logiques célibataires de la finance qui n'est pas l'économie,

---

[3] *"Que chacun d'eux découvre à son tour son cœur aux pieds de ton trône avec la même sincérité, et puis qu'un seul te dise, s'il l'ose : Je fus meilleur que cet homme-là."*

comme le disait Rousseau, que le sujet dissous dans la norme voit se dissoudre en lui la norme et qu'il nous revient, singulièrement singulier et nu comme le roi des vers.

« Qu'est-ce que c'était, normal ? » c'était peut-être devenir ce qu'on était, abstrait, subordonné à l'ordre abstrait qu'on nomme norme, tiré hors de soi par une collectivité rêvée…

C'était peut-être être comme le gouvernement du monde, au fond, qui est sans visage, sans figure, sans incarnation autre que l'inincarnable des mécanismes inextricables du marché, ce gouvernement qui s'observe lui-même comme l'ouroboros d'Egypte se mord la queue, sans toutefois en jouir.

Or, il ne veut pas de ça, l'électeur, ce n'est pas là que se loge son désir, ce n'est pas ce qui le hante, d'assister à la soustraction du sujet au sujet. Il n'a pas préféré la norme au sujet, il a préféré un sujet à un sujet, un anormal à un anormal, une figure à une autre, une rondeur bonhomme à une névralgie, une caresse à un spasme, le sourire au rictus.

Hollande n'est pas l'objet d'un désir de soumission de la figure, de l'icône à la norme où elle s'efface. Il est l'objet d'un désir d'anormalité, d'incarnation, aussi puissant que celui qui a fait élire son prédécesseur.

Les masques, les personnes défilent, au temps contemporain, depuis un même désir d'incarnation, depuis un même désir « iconodoule », diraient l'Histoire des religions et le chroniqueur pédantesque.

Et ce désir que soit élu un « meilleur des hommes », c'est celui d'une époque qui ne vit pas l'angoisse, la détresse du confinement (les deux mots, angoisse et détresse, renvoient d'ailleurs à l'idée de « voie étroite »), ce désir, c'est celui d'une époque antiromantique, profondément agoraphobe, qui vit la peur du grand large, de la large norme, de l'abstraction dont le centre est partout en Grèce et la circonférence nulle part, d'une époque qui vit la peur de l'ordre sans visage, de l'autorité sans corps, pas sans frontière, sans corps, l'autorité sans limite de corps, d'une époque qui vit, en somme, la peur de l'absolu.

L'époque veut de la figure, du corps, de la responsabilité incarnée, du relatif. C'est ce désir qui a convoqué le tweet de Dame Valérie, c'est ce désir qui convoque la saga Hollande Merkel, qui convoque l'adhésion aux pittoresques poutouesque, mélenchonien, lepénard, qui convoque l'adhésion à ce pacte de Tobrouk par lequel le temps veut renouer avec la responsabilité éligible de la figure, du corps, du verbe, de leur tonitruante et fraternelle vanité.

« Qu'est-ce que c'est, normal ? »

« Normal », c'est le cauchemar de ce temps du normal normatif, de ce temps que son désir d'incarnation porte vers la quête enfantine et brutale du « meilleur des hommes », de ce frère éventuellement et si utilement décapitable…

FRANÇOIS HOLLANDE LE CONVERTI

François Hollande ne s'appartient plus.

La lourde résistance à l'immersion dans l'action publique de celui qui cultivait l'ironie, la patience iréniste, l'incurie physique libératoire et protectrice, a rendu les armes.

François Hollande n'est plus « à ce qu'il fait » : *il est ce qu'il fait*. La vacance tantôt séduisante tantôt accablante du sujet Hollande a perdu la partie étrange qui l'opposait depuis toujours à l'affirmation de son objet : l'action politique. Le retrait de l'intime, la pudeur, le signalement d'une autre dimension, d'un double fond de l'être au monde s'est faite exception, glissement, accident, lapsus. L'autorité de la personne, prélude à celle de la fonction, la créature, la sculpture, le mannequin habitant du forum, nourri à son essence, ce n'est plus ce qui cherche à transpirer de Hollande, *c'est Hollande*. Le candidat socialiste est enfin devenu son objet, il a brisé ses entraves, abandonné son boulet d'intimité, à tel point qu'il peut aujourd'hui, avec distance, évoquer, par exemple, son enfance, *urbi et orbi*, en faire un "outil de campagne"…

Il est ce qu'il fait. Il est chose publique dans la chose publique et c'est bonheur que d'observer à quel point cette conversion sidère le forum, l'espace public, que de voir ceux qui en procèdent et que la résistance au « devenir chose publique » n'a jamais étouffés, que la tentation de Venise n'a jamais semblé défigurer, s'exclamer en somme à l'envi : « Vous qui étiez si sympathique, vous qui étiez attestation d'un repli possible, d'un en-deçà, d'une île, d'un engrossement possible de la personne par le sujet, de la fonction par l'intériorité, du public par le pudique, voilà donc que vous êtes des nôtres, que la sympathie vous a été retirée avec l'écart, que vous êtes, comme nous, votre propre Golem, votre Moloch, que vous vous êtes dévoré le for intérieur pour appartenir tout entier au cours des choses ! »

Il y a comme un dépit chez ceux qui constatent la radicale conversion de François Hollande à la situation, son entrée de plain-pied dans l'actualité, dans l'actuel du grand théâtre du monde. A leurs yeux il était l'autre, l'innocent errant, le flou, le fou, le schizé, le bon camarade de « buvette » (évoqué par de Villepin) dont l'on ne sait au juste ce qu'il « fait là », dont l'on sait qu'il est et n'est pas « là », dont l'on sent qu'il perd et gagne à n'être ni en soi ni hors soi, dont l'on goûte qu'il soit la vivante et apaisante image de la complétude et de l'inhibition qu'elle engendre en l'âme lorsque vient le moment du choix, de la détermination du souverain bien, de la réponse à cette question : "Doit-on être ce qu'on est ou bien être ce qu'on fait? Doit-on être de soi ou bien être du monde ?"

Il dépite, il stupéfie, il étonne, il déséquilibre, il met en crise.

Celui qui a choisi convoque au choix : « Suis-je bien à ce que je fais ? Ne me suis-je pas perdu ? Suis-je encore ? Ne suis-je bien pas ? Suffisamment pas ? » semblent dire ses adversaires, ses amis, aussi.

Hollande, c'est Juppé sans Venise, c'est Jospin sans Jospin.

C'est Mitterrand, bien entendu, mais un Mitterrand converti de frais, intensément, allègrement et comme purement Mitterrand…

Et puis c'est Delors qui embraye, Rocard et Mendès saisissant l'opportunité, le *kairos*…

François Hollande ne prononce pas le nom de Nicolas Sarkozy : il dit ce faisant qu'il ne prononce pas non plus le sien, que le duel qui s'annonce, il le veut profondément sans sujet, sans identité subjectale, qu'il le veut tout instrumental, fonctionnel, objectal, de l'ordre digne de la personne, de la figure, du masque, du costume, du rite, du champ public.

Ce que vous voyez, c'est ce que je suis : ce que je suis, c'est ce que vous voyez…

L'exercice du pouvoir par Nicolas Sarkozy aura, à l'ère républicaine de France, marqué l'apogée de la soumission du politique à l'intime, à l'obscène, à l'identité d'un « sujet subjectif », l'apogée de la dissolution militante du bien commun, il s'achève d'ailleurs sur le mode de la confession intime, de cette confession indigne de Guyane, par exemple, dont l'auteur, le temps passé de la « remise au travail » aveugle, cruelle, anxiogène, culpabilisante, du pays, rêve tout haut pour lui-même à des semaines de trois jours…

François Hollande, pour sa part, depuis une farouche discipline, comme une mystique, une macération, depuis une transfiguration, une conversion qui forcent l'admiration, semble annoncer le retour, mille fois délectable, mille fois apaisant, mille fois français, du règne du « sujet politique ».

- 39 -

LES ECOLES D'ART ASSIEGEES

Les écoles supérieures d'art à la française ont, depuis une dizaine d'années, écrit aux forceps une nouvelle page de leur roman frondeur.

Les voilà en effet inscrites au registre de l'enseignement supérieur, soumises au régime harmonisant dont il s'est doté en 1999 à Bologne.

Lieux d'entretien d'une macération de la singularité, de l'idiosyncrasie productrice de formes traversant les limites disciplinaires des académies anciennes, lieux d'affirmation d'une critique des choses et de soi sans parole soucieuse de faire parité, d'une expression de l'acte qui ne rendrait au fond compte que de l'expression de l'acte, libres, en un mot (quand bien même libres sans pensée du libre), les voilà aux prises avec une exigence d'assujettissement qu'elles se sont elles–mêmes prescrite.

Les voilà prises au piège.

Assiégées.

Leur « pureté », revendiquée depuis un complexe obsidional parfaitement assumé, depuis une déclamation aussi souvent radicale que ridicule, celle de canons à inventeurs de mondes, à maçons de vie neuve, voilà qu'elles en organiseraient l'aliénation, la subordination possible à l'Impur, État(s), universités, monde de l'argent… Thébaïdes, Arcadies, elles paissaient, benoîtes, à couvert du consumérisme académique général, à couvert des moutons de Panurge de la scolastique, des marchands du temple de la « formation diplômante » et des mandarins constituants. Et les voici soudain contraintes, par on sait bien quelle terreur de l'insularité, de penser l'existence de ces "dehors" chez soi, d'en inférer du patron, du décret, de la consigne, du critère, de la prescription, du grade, de la classe, du « corps », de la part commune, pour tout dire…

Voici qu'à l'autorité du solipsiste devrait succéder, au sein des écoles d'art, celle du pair, de l'égal en corps, c'est à dire de l'égal en un rien qui soit, hors du nom qui n'est pas rien...

Voici qu'adviendrait le temps de l'immersion en l'autre, ce repoussoir ancien, comme horizon de la perspective étudiante.

Et voici qu'on ne cherche plus, en école d'art, quand on cherche, voici qu'on n'évalue plus quand on évalue, voici qu'on ne diplôme plus quand on diplôme, voici qu'on se pense depuis un autrui institutionnel en quoi s'incarne ce que l'on fait sans le faire puisqu'il est un ordre adventice imposé où nommer, c'est faire...

Voici que ce qui était, l'on est convié à le nommer, voici qu'on y est convié par cet étudiant qui, loin de goûter davantage (il n'y a sans doute « plus de jeunesse », les vilains Assis rimbaldiens y ont pourvu) le splendide isolement d'un Diogène aux palettes, la misère de l'éminence, s'est aujourd'hui corrompu au point de lui préférer l'accès à l'emploi, la mobilité internationale, ces misérables lunes d'une misère de ce temps…

Depuis un demi-siècle, les écoles supérieures d'art de France ont diplômé (au flanc de ceux qui, côté scène, ne réformaient rien de moins que l'anatomie à l'œuvre au temps) l'avant-garde des facteurs de formes héroïquement arrachées au contemporain afin d'en être, afin d'y être, de formes objets de diffusion, d'exposition, d'étude, de fédération des intelligences critiques, de formes creusant par la Cité des circonscriptions dangereuses d'interrogation de son sens, c'est à dire de mise en crise de ses logiques invisibles, imprononçables, inertes en l'idée et admises communément, de son écume prosodique des jours, cette « inquiétante étrangeté ».

Les écoles des beaux-arts, les écoles d'art, les écoles supérieures d'art, ces objets dont le nominalisme hystérique des Impurs n'a pas encore rompu la continuité en l'être, ont fondé leur militantisme, leur credo, sur l'apprentissage de la reprise critique du temps et de sa doxa sociale ou sensible, sur l'usage "passé" (au sens de Lacan) du passage au tamis singulier des contextes où chemine l'étudiant en anachorète artisan de modalités de formes et de soi.

« Comment peut-on être un sujet contemporain ? » voilà, au fond, ce que les écoles d'art apprennent à ceux qu'elles accueillent, toutes à une hospitalité inquiète et pour tout dire paranoïaque.

Utilement et excessivement et dignement et incongrûment paranoïaque.

Comment, cette « liberté en dur » que forgeaient les écoles en leurs chères têtes pas mêmes uniformément blondes, cette émancipation matérielle du regard en la Cité qui s'y professait et dont les rythmes d'acquisition par l'étudiant constituaient un temps dont on se moque, au fond, de savoir, au règne de la machination formelle, s'il se nomme « temps de recherche » (quoiqu'on entende bien qu'il se nomme tel pour en remontrer aux Impurs qui, en cette université molochique, une et dévorante, nomment depuis l'immatériel), l'avènement mondial d'une standardisation du parcours étudiant fondée sur la demande d'études valant offre ultérieure, valeur, monnaie, représentations communes et arasantes, les mettrait donc à bas ?

Comment, les écoles d'art auraient, tout spécialement en France, inventé des espaces d'affirmation critique réflexive, entre culture du temps du devenir objet et culture de l'application critique à ce devenir et l'on voudrait que tout ceci fît place à l'inféodation au pis : l'immersion féale et létale dans une communauté de destin sans solutions de continuité, régressivement en quête d'approbation par le dehors ?

Elles sont un peu sidérées, les écoles d'art de France, elles savaient penser cette liberté conçue comme un dépassement libre et transmissible au dehors de contraintes librement admises. Elles professaient le goût de l'émergence, de *l'ex nihilo* et du *sui generis*, du mode heuristique sous perfusion subjectale, de la trouvaille apprise.
Et les voilà convoquées à rencontrer la pairie, la part commune, la reproduction comme règle, l'adhésion au corps de loi, la rétrospection tutélaire, l'irruption critique comme lumineuse exception.

Elles cherchaient ? Non : voici ce que c'est que de chercher, voici que ce que "chercher" veut dire…

Elles formaient ? Non : voici ce que c'est que de former, voici ce que "former" veut dire…

Ce qu'elles craignent, au fond, c'est de ne pas savoir, peut-être même de ne pas devoir *nommer*, de ne pas aliéner en architectures de langue ce qu'elles produisent. Quelque chose du corps qu'elles produisent résiste dans la souffrance à cette exigence du nommer.
Les écoles d'art produisent incontestablement du devenir, une forme se pensant du devenir.

L'Autre qu'elles désignent, pétroleuses et un peu vaines, c'est ce lieu fantasmé, ce Tartare, où l'on nomme en l'absence de produit à nommer, c'est ce lieu fantasmé, université, ministère, institution, ou plutôt ce non-lieu, où l'acte de nommer, stérile, célibataire, se nourrirait de soi, c'est à dire d'une forme partagée et sans corps, sans forme de corps.

Or, ce complexe de l'assiégé aveugle comme la ténèbre du manichéen : non, l'université n'est point une circonscription où l'on nomme sans forme, non, le ministère n'est point un laminoir à irruption critique, non, le marché ne chemine pas sans goût de l'accident mercantile. Il y a, dans la ténèbre, matière à se retrouver.

Et puis matière à se reprendre.

Et quand bien même Moloch serait Moloch, ce serait être en rupture avec l'audace historique de cet être étrange qu'est une école d'art, cet être qui traverse le temps, jaloux de son étrangeté, que de ne pas comprendre qu'à recevoir de l'extérieur le nom de ce que l'on est, l'on n'a rien à perdre et tout à gagner : la reconnaissance n'engage jamais, en terre de liberté, que celui qui reconnaît.

Un jour on les « sacra poètes », les écoles d'art, elles regimbèrent puis prospérèrent persévérant.

Ma foi, qu'on les sacre donc docteurs, associant toutefois l'octroi de moyens *ad hoc* au sacrement : elles prospéreront persévérant.
En attendant mieux, en attendant pire…

DISSOUDRE, MAIS QUOI ?

Chacun le sent, il s'agira de dissoudre.
Il s'agira de dissoudre et dissoudre sera d'autant plus aisé que ce qui est à dissoudre au champ de l'exercice politique séculier est déjà assez amplement dissous.

Gouvernement toujours plus à l'os idéologique, maladroit, abstrus, professionnellement inconsistant et impopulaire, chambre basse en suspension inquiète, sidérée, bougonne ou velléitaire, tout cela est déjà dissous, tout cela est civiquement dissolu, tout cela appelle avec fièvre deux mouvements contradictoires : le sauvetage périlleux dans une fuite en avant, dans une embardée oligarchique d'une part, le geste constitutionnel qui fera passer pour son bien le pays du néant républicain languissant au néant républicain éphémère, d'autre part.
Il s'agira à l'évidence, sauf à poser comme organique, sauf à acter comme instituée *de facto* la solution de continuité réactionnaire et dangereuse entre l'action politique et l'électeur, de dissoudre ce qui est dissous.
Et pourtant, si, dans l'ordre de la politique, ce qui est dissous le moment venu se trouve bien déjà dissous, l'on n'aura pas seulement pris pour autant, dissolvant, une décision en quelque sorte déjà prise de façon immanente.

Car il y a bien, depuis une dissolution que, d'une certaine façon, on le verra, la morale politique exige, quelque chose à dissoudre qui ne l'a pas point encore été, qui ricane de ne point l'avoir été au nez du républicain atterré et daubé. Ce qu'une dissolution doit aujourd'hui de toute urgence dissoudre, c'est l'évacuation du politique du champ de la politique, du politique comme engagement conceptuel, comme subordination du destin personnel, des humeurs, à une cause relevant de l'avenir en commun.

Mettant un terme au mandat du parlement, du gouvernement, à quelques encablures de la fin de 178 mandats sénatoriaux , à quelques foulées du terme de mandats électifs territoriaux significatifs, l'on donnera à l'espace républicain l'occasion précieuse de recomposer, en lui et hors-lui, le politique dissous, le corpus idéologique, partageable, fondé en téléologie collective qui, seul, peut débarrasser l'électeur de ce poids urticant en quoi consiste pour lui le fait de se voir contraint à choisir entre plusieurs absences de politique, entre plusieurs hébétudes stratégiques, pire, entre plusieurs impuissances incarnées par la puissance de voix et de corps rendus dérisoires par la contradiction en eux entre le néant de pensée, d'ambition et de conception pour autrui et l'intensité intacte de l'élocution.

Qu'on le veuille ou non, l'électeur est un sujet dont la limite est l'élu, cette essence étrange, profondément anormale et maniaque dont l'intérêt tout entier va au dépassement de son intérêt personnel.

Le corps de l'électeur a pour limite le corps « vicaire de son corps », « représentant » mille corps, de l'élu.

Voici ce qu'est l'élu : la limite, à la fois confite en abnégation et portée par un délire de construction collective, de l'électeur.

Voici ce qu'est un élu : la limite et humble et outrecuidante de l'électeur.

En deçà de cette limite : du sujet, de la personne captive du présent des intérêts compartimentés.

En deçà de cette limite : du politique normal, du monarque citoyen, une dissolution du politique dans l'acide des goûts, des dégoûts, des ambitions et des inhibitions.

De la personne, point de *polis*.
Voilà où est la gauche, qui, de plus en plus servilement, de façon toujours plus infantile, au profit d'une culture gestionnaire complexée, a renoncé à faire un point idéologique clair, exprimable, explicitable, accessible au jugement et à l'idéation, sur les voies et moyens contemporains de l'illustration des principes d'invention, d'intelligence, de justice et de fraternité locale, nationale, internationale, en contexte économique hostile à l'idée même d'investissement humain à perte durable.

Il demeure, de la gauche, les humeurs de Jean-Luc Mélenchon, le charme achilléen d'Arnaud Montebourg. Il demeure, de la gauche, des humeurs, des coups de sang et de cœur, des goûts, des dégoûts, du panache, de l'ambition, de la posture, du costume. Cela n'est pas rien mais il est inadmissible à la raison politique que ce qui demeure de la gauche ait été conduit, par ceux qui portent ou pas un projet pour autrui, à primer en France le contenu politique avancé par la gauche.

Il demeure, de la gauche, quelques flamberges agitées au vent et des troupes arc-boutées jusqu'à l'étouffement sur un guidon roulant au hasard.

Dissolvons cette dissolution. Faisons un point politique, soyons anormaux et pensons pour autrui ce qu'autrui entendra comme conçu pour autrui, à gauche.

Et que dire de la droite ? De plus en plus complaisamment, de façon toujours plus paresseuse, elle a renoncé à faire un point idéologique clair, exprimable, explicitable, accessible au jugement et à l'idéation, sur les voies et moyens contemporains de l'illustration des principes d'innovation, d'efficacité, d'ordre, de création de richesse, de liberté d'initiative, dans un contexte où tout cela est indissociablement lié pour le sujet social à l'idée de subordination aveugle de la plupart par quelques-uns.

Il demeure pour l'essentiel, de la droite, les manœuvres pathétiques de leaders consacrant le présent, radicalisant dans le même paradoxal « mouvement inerte » la sujétion à un état des choses évacuant toujours plus avant son sens et son corollaire, la menée de conduites économes d'une pensée qui contraindrait le vouloir vivre ambitieux à le céder à la négociation d'un projet d'avenir commun avec autrui.

Il demeure de la droite quelques charges solitaires et solipsistes et des troupes égaillées et galvanisées en vain par le mauvais vent d'une rancœur sans objet de nature politique.

Dissolvons cette dissolution. Faisons le point à droite.

L'écologie, pour sa part, a réussi le tour de force nauséeux de dissoudre la voix d'enjeux de vie et de mort planétaires dans le vide affolant de conflits dont la seule mention est une offense à l'ambition postulée de ce camp.

Dissolvons cette dissolution, causons devenir durable.

Du centre réunifié, « dédissous », l'on soupçonne et l'on espère qu'il attend qu'une élection qui ne soit pas de dimension présidentielle l'autorise enfin à faire état d'une ambition d'essence rigoureusement politique.

Du Front national, enfin, l'on attend que son projet soit enfin rompu en visière par ces corps de doctrine dont la reconstitution serait tout l'objet et le sel de cette dissolution vertueuse, de cette dissolution contre la dissolution.

Chacun le sent, il s'agira de dissoudre.

Militons pour que cette dissolution soit une dissolution de combat, une dissolution portant avec ardeur le fer idéologique, le fer de la téléologie collective et généreuse, quel qu'il soit, contre ce délitement, contre cette dissipation du fait politique qui a d'ores et déjà fait de la France cet espace dépressif et condamné aux pires pratique et moral où une cour anxieuse oppose un sourire de circonstance distrait à l'affreuse grimace de son peuple.

Emmanuel Tugny

LE MYSTERIEUX DOCTEUR CAHUZAC

Que Jérôme Cahuzac ait possédé un compte en Suisse n'est sans doute pas ce qui le caractérise le plus sûrement dans le panorama, le nuancier, le bouquet politique.

Il est d'ailleurs vain et dangereux d'ergoter sur cette question en un temps qui a opté pour une conception du droit profondément réactionnaire, celle qui consiste à occuper les blancs, les silences de la loi en les comblant de parole culpabilisante, en instaurant de ce fait, en la vie, un procès permanent à la vie, sur un mode tout médiéval.

Tant qu'il ne sera point condamné, Jérôme Cahuzac sera innocent ; Nul n'est besoin d'emplir de parole le silence du droit s'agissant de cette affaire, la présomption d'innocence doit en l'espèce prévaloir comme un silence bon, provisoire mais bon, du droit.

Il n'est pas interdit de s'autoriser un bon vivre par silence du droit, jouissons du silence du droit.

Là où le droit fait silence, jouissons.

Là où le droit se tait, laissons-le à son silence pour jouir.

Ne laissons pas le droit parler outre le droit, faire de toute la vie, sans le vouloir, une ordalie, une épreuve, un « test ».

La question de la culpabilité de Jérôme Cahuzac est donc une question reportée puisque sa résolution ressortit de plein droit au droit.

En attendant la parole du droit, jouissons, et jouissons notamment du spectacle de l'étrangeté de Jérôme Cahuzac : elle vaut le détour.

Du bouquet politique, l'on ne peut nier qu'il soit composé de fleurs diversement policées.

Mais toujours policées.

La flore politique est dopée au surmoi, l'on y joue le plus clair du temps une partition « ouverte », l'on y compose pour séduire, l'on s'y présente pour le bonheur ou à tout le moins l'adhésion postulés de l'électeur, du parti ou du chef. Cette séduction est bonne, qui fait d'autrui un co-constructeur de ce qu'on est, qui l'associe à l'édification de cet hybride qu'est le représentant, entre sujet physique et moral. Il y a une générosité, une vertu, une sagesse dans cette dévolution de la reconstruction du moi à l'autre, l'électeur, le parti ou le chef ; Cela n'est pas vice, cela est logique d'une métamorphose du sujet en sujet politique.

Cette reconstruction du moi qui n'est pas vraiment un narcissisme -puisque l'appel y est bien un appel à la métamorphose par le regard, pas à un regard passif, à un pur miroir- prend des formes variées : le moi peut se refaire en neutralité, urbanité, expertise, bonhomie, brutalité, transparence, sincérité, impétuosité, proximité, intrépidité, prudence.

Les fleurs politiques, recomposées par le regard de l'agora depuis le matériau proposé par le sujet politique, forment une flore d'autant plus munificente que le regard du sujet, subordonné au regard architecte de l'électeur, du parti ou du chef sur ce regard, le conçoit comme une variété.

La totalitaire limite l'assiette de la reconstruction du moi politique par aveuglement sur l'homogénéité du regard du peuple conçu comme une identité cohérente, une masse monochrome.

Le démocratique repose sur le fantasme et le goût de la diversité de ce regard.

Quoi qu'il en soit, ils sont rares, ceux des sujets politiques, des sujets en politiques, dont la *persona*, dont le masque, n'est pas le produit conjointement construit par le regard de l'électeur, du parti, du chef et par celui qu'ils portent sur ce regard.
Ils sont rares, les hommes politiques, elles sont rares, les femmes politiques, qui, dans le plein exercice de leur fonction, ne travaillent pas à construire un sujet moral depuis le sujet physique en faisant jouer l'appareil des modalités, la dialectique du regard sur soi et sur l'autre.

A dire vrai, ils sont si rares qu'à l'exception de Jérôme Cahuzac, l'on n'en voit pas, au bouquet contemporain.

Etrange Monsieur Cahuzac : voilà un sujet politique dont la férocité, la médiatique sauvagerie, l'inouïe arrogance télégénique paraissent reposer sur la litière de toute préoccupation du regard d'autrui, de toute velléité de co-construction d'un moi politique.

L'ancien chirurgien esthétique, l'ancien « sculpteur de chair humaine » Jérôme Cahuzac[4], comme s'il connaissait par

---

[4] Voir le romancier Gustave le Rouge et son *Mystérieux Docteur Cornélius* de 1911-1912.

trop la mécanique de la réfection humaine, comme si son entrée en politique, en 1988, constituait un renoncement, un refoulement résolus à une existence antérieure, semble se refuser à entrer dans la danse commune.

Mystérieux Docteur Cahuzac : voilà sans doute le seul sujet politique en activité dont toute l'attitude, dont toute la posture semble témoigner d'un désintérêt souverain pour le regard de l'autre, de l'électeur, du parti, du chef, d'un désintérêt qui, plus que de l'arrogance vraie, semble procéder du constat que la refonte, la « chirurgie éthique » du sujet politique par son auditoire est une cuisine cosmétique trop visitée, un livre trop souvent lu.

Mystérieux Docteur Cahuzac, qui semble faire en tout lieu le pari que l'action politique ne suppose pas de contrainte particulière relevant de cette façon de « narcissisme dynamique » dont font preuve ses collègues.

Mystérieux Docteur Cahuzac, qui semble faire le pari que l'action parle pour soi, parle de soi et qu'il est loisible d'envoyer promener le surmoi, le moi fabriqué, comme le symptôme vulgaire d'une légèreté, d'une frivolité dispensables.

Mystérieux Docteur Cahuzac, qui semble observer ses collègues comme autant de chalands à liftings.

Et ce mystère fascine, du Docteur Cahuzac.

Et ce mystère inquiète, comme il fascine.

Il fascine comme fascine toute forme d'incorruptibilité du sujet comme sujet, comme ébahit tout renoncement drastique à la concession de soi à l'image de soi formée en autrui.

Il inquiète en tant que l'irruption au forum, en politique, d'un sujet refusant aussi vigoureusement, une fois de plus aussi sauvagement (relativement à ses pairs) cette concession au regard d'autrui tend, d'une part, qu'on le veuille ou non, à humilier le regard d'autrui, à le châtier et d'autre part, à le tenir à distance de la construction du sujet représentant.

Il inquiète, en somme, en tant qu'il semble procéder d'un déni démocratique et, au fond, d'une conception homogénéisante, c'est-à-dire sourdement totalitaire, du corps citoyen.

Que Jérôme Cahuzac ait possédé, possède, un compte en Suisse, la justice le dira, qui sait, à son heure, prendre la parole, c'est une affaire d'importance.

Mais c'est une affaire infiniment plus importante, sans doute, que celle du positionnement du ministre du budget, non pas de son positionnement politique mais de son positionnement *« au politique »*.

OU CIRCULE L'ART...

Une « intervention » n'est rien de plus que cette distinction advenue au monde qui à la fois le qualifie comme monde et comme monde peuplé, habité, de sujets et d'objets.

Intervenir, faire irruption, c'est faire forme dans l'indivis. C'est s'arroger la dignité d'une présence au présent.

Faire éminence.

C'est « être au monde ».

L'intervention de l'art est au-delà : elle ouvre à l'émergence un espace d'aisance où elle s'observe et, s'observant, observe qui l'observe comme libre.

Et désirable ou redoutable comme libre.

L'intervention de l'art est émergence, dans la distinction, de l'objet, de la forme qui, échappant au double empire du fabricant et du destinataire, en sont « l'autre », libre et critique, le Diogène au tonneau, la marge interrogée.

Et cet espace d'aisance critique distingué au monde par l'intervention de l'art est cruel car s'il est distinction, s'il distingue, il est aussi béance vers l'indistinct, l'universel, la continuité substantielle du monde et du sensible.

L'intervention de l'art est l'éminente distinction par quoi la distinction interroge ses fondements en l'être.

Elle dit la liberté du relatif, celle du motif devant le décor, elle dit la liberté de l'absolu, celle de l'être face au néant.

Elle dit tout cela librement au sujet libre.

Elle le lui dit depuis une double discipline d'affranchissement : celle de la fabrique de la forme, celle de la fabrique du regard.

Elle est l'émergence par quoi je me pense, l'émergence se pensant, elle est la condition humaine critique, la forme sage, l'ordre affranchi des choses.

Nommons ici « circulation » l'itinéraire contaminant de cette forme sage qui est, mobile, fixe ou empêchée, le sang fébrile et glorieux où se dessine, incertaine toujours et toujours à venir, la silhouette de la vraie vie.

QUE FETE-T-ON, AU JUSTE, LE 1ER MAI ?

Que s'en va-t-on au juste fêter, le 1ᵉʳ mai, muguet au poing pour une belle, fût-elle maman ? Que s'en va-t-on fêter, au juste, devant des portes officiellement closes depuis 1947 en France, ironiquement réouvertes, le rideau de fer démantelé et refoulé, dans cette Russie post-moderne d'où j'écris et où vont se croiser aujourd'hui militaires en parade et consommateurs en goguette ?

Que s'en va-ton fêter au juste depuis qu'en 1890, en mémoire des grévistes de Chicago du 1ᵉʳ mai 1886, qui avaient profité de la date de fin de l'exercice comptable des entreprises américaines pour tâcher d'obtenir la journée de huit heures, la deuxième Internationale a déclaré le 1ᵉʳ mai journée de manifestation ?

Le travail selon Saint-Simon, celui dont le fondement est l'utilité ?

Celui de Ricardo, dont la valeur est liée à l'effort fourni ?

Le travail de Stakhanov, celui dont l'exercice honore ?

Celui de Lafargue ou Kierkegaard, dont l'exercice est un obstacle objectif au bonheur supérieur ?

Celui de Smith, qui s'autorégule, celui de Keynes, qu'il faut réguler ?

Celui qui harasse et livre à tous les dangers, du travailleur illégal ?

Celui qui harasse et met en danger moral, du travailleur légal qui se pensait homme, un peu comme l'homme de Primo

Levi, lorsqu'on le pensait recours chiffrable, variable ajustable, hochet électoral ?

Celui qui immole debout la vie durant des employés livrés pieds et poings liés à l'absence de sens, à l'errance technocratique, à l'abus de pouvoir en quoi consiste le fait de retirer sa signification à l'ouvrage ?

Celui qui conduit l'immolé à tirer les conséquences pratiques de sa condition, sur telle aire sordide de parking ? Celui du banquier central qui hausse les taux d'intérêt, la valeur de l'argent, de sorte qu'il soit plus difficile à l'Etat de rembourser cette dette qui lui interdit d'être Etat tout à fait, cette dette dont la valeur toute relative est fixée par ceux de ses fils, élevés dans le sein dispendieux de ses grandes écoles, qu'ils a voulu émanciper en en faisant des banquiers centraux ?

Et son corollaire : celui du politique s'interdisant à lui-même, en inventant la valeur de la monnaie qu'il frappe, de refonder la cité qui la frappe ?

Celui de l'agioteur de Bourse qui œuvre de la souris à faire se poser, loin de chez lui, la truelle, le pinceau, la charrue, le filet ?

Celui de l'enseignant devenu fossoyeur docile de sa propre cause, réducteur de têtes toujours plus incapable de rencontrer, dans le salaire perçu, les conditions de l'entretien de ce qui fut son métier ?

Celui du citoyen éco-responsable, à la fois rédempteur vertueux du pouvoir politique et nostalgique dangereux d'un Eden pré-politique ?

Celui du bioéthicien qui subordonne le corps des hommes à la marche des faits sociaux, ce travail contre la mort, ce travail qui fait un barrage contre le suprême océan ?

Celui du législateur qui a fait du vide du droit une menace là où elle était le lieu d'une aventure possible ?

Celui des syndicats, que l'on verra défiler aujourd'hui devant des vitrines souvent illuminées, et qui ont, au fond, emprunté le pas lourd du contemporain, accepté d'œuvrer à la réduction aux marges d'une donne qu'ils savent pourtant vendue non tant aux possédants qu'à la monnaie elle-même, objet célibataire, autonome et tyrannique comme un regard d'enfant silencieux ?

Travail souffrance, travail valeur, travail émancipateur, travail inféodant, facteur de mystique, travail pour vivre, travail pour ne plus mourir, travail pour soi ou contre soi, pour ou contre l'avenir, travail croissant, travail décroissant, travail créateur de valeurs, travail destructeur desdites valeurs ?

Ou bien…ou bien.
Sait-on au juste ce que l'on fête, aujourd'hui, en ce jour férié de moins en moins chômé ?

Sait-on au juste ce que l'on revendique : plus de plus, moins de moins, moins de plus, plus de moins, en une litanie *ad libitum* qui désespère, qui bourrelle ?
Sait-on au juste ce que l'on fête, sinon l'absence croissante d'un « sens de ce qu'on fait » ?

Sinon un pur effet sur le corps et sur l'âme ?

Emmanuel Tugny

2012 : ET LA CULTURE ?

Pour Jean-Jacques.

Dire que la culture est absente du débat présidentiel est peu dire, nous dit-on…

Il est vrai qu'elle s'y est trouvée reléguée, comme chapitre de l'action publique, au rang de parent pauvre et, qui sait, de « refoulé »…

Le temps semble la tenir pour la danseuse d'un champ politique en butte à l'essentiel dont elle ne serait pas une composante.

Il faut, dès lors, en lire la présence entre les lignes de la prise de parole des candidats, au-delà, en-deçà de sa censure.

Il convient de se demander quel corps proposé au vote incarne ce qui, à la racine, définit la culture au monde comme engagement.

Or, comment s'engage la culture au monde ?

Elle s'y engage comme un produit de pensée, c'est à dire comme la reconstruction (depuis le ménagement en l'être, autorisé par l'éducation, l'initiation, la formation, d'un espace, d'une aisance critiques), d'un monde que cette reconstruction rend appréhensible, arraisonnable, d'un monde qui, devenu objet porté au regard et au jugement, cet objet fût-il singulier, étrange, étranger, fait sens et, ce faisant, perd de sa dimension de hasard terrible, de chaos sidérant, sa dimension tragique.

La culture est ce *logos* des Grecs, disséminé en actes, en objets, en discours, en formes, dont la vertu première est d'articuler, de vertébrer le néant afin qu'il s'institue sens.

La culture est un écart, une abstraction, une soustraction vertueuse dont l'enjeu est la mue du néant épouvantable en sens et, partant, de la sidération, de la peur en entendement, en espérance.

Si elle recourt à l'expérience du sensible, c'est pour en signifier la capacité de dialogue avec l'invention d'un sens du sensible par le sujet, auteur, lecteur, auditeur, spectateur.

La culture pressent l'infini, elle ne méconnaît pas l'irréductibilité de ce qui est autre, de ce qui est autrui mais elle en fait « quelque chose », le consacre objet, lui donne cette chair, cette présence circonscrite au temps et chargée d'infini, lui concédant une « étrange familiarité ».

Au champ de la culture, l'autre est l'allié possible, le contributeur convoqué à la formulation d'une « raison du monde ».

Non seulement la culture fait d'autrui un produit de pensée mais elle dispose à le tenir pour la part manquante du sujet au travail depuis l'écart.

En culture, autrui peut intriguer, il n'en demeure pas moins le désirable co-constructeur d'une fondation d'un sens des choses.

Les candidats en présence à quelques jours du scrutin peuvent ne pas évoquer de façon explicite la culture comme champ, ils n'en disent pas moins éminemment, partout, à chaque prise de parole, à chaque rencontre au forum, quelque chose.

L'électeur à qui est cher cet écart constructif de l'être au monde en quoi se fonde une architecture de ce qu'il est, de ce qu'il pourrait être, rompant en visière la peur de ce qui est autre, l'immersion dans l'instant, la soumission butée à l'ordre irrécusable des choses, l'obstination à ne point inventer la vie, former l'espérance, *travailler* la matière du monde, cet électeur ne saurait s'y tromper : la culture comme irrigation profonde du politique, que cela plaise ou non, c'est en François Hollande, c'est en Jean-Luc Mélenchon qu'elle se fait voie, c'est en la république, c'est en la gauche de toujours.
Qu'elle l'incarne ou qu'elle l'injurie, elle ne parle *que de culture*, cette campagne !

PRESIDENCE SARKOZY : ETAT DE DROIT, REGNE DU FAIT

L'hypothèse de l'absence de Marine Le Pen au premier tour de l'élection présidentielle prend chaque jour plus d'épaisseur. Soit : cette absence ne ferait qu'apporter la preuve de l'incapacité du Front national à convaincre de son caractère républicain ces édilités dont le monde politique français s'accorde à manifester l'éminente, la supérieure représentativité, la "proximité" avec l'opinion. La question demeure en tout état de cause sans importance pour l'heure, en tant que telle.

Elle est en revanche, c'est là son importance actuelle, un formidable révélateur du mode de gouvernance élu, depuis l'orée de son exercice présidentiel, par Nicolas Sarkozy.

Le philosophe Jean-Bertrand Lefèvre-Pontalis, évoquant son professeur Jean-Paul Sartre, furtivement enseignant de lycée, rappelait récemment les premiers mots du jeune agrégé rencontrant ses élèves : « L'état de droit est du côté de ce qui doit être, l'état de fait, de ce qui est ».

Etat de droit, la république de France ? Oui. Assurément. Corpus de valeurs désignant un chemin, fondant une identité et une téléologie collectives et depuis toujours métisses reposant sur l'adhésion à un « grand dessein ».

Définissant ses exceptions, ses « coups de canif dans le contrat » comme tels.

La France est un état de droit au sens de Sartre, un état dont le rayonnement intérieur et extérieur se fonde sur l'universalité affirmée (sur l'universalisme souvent arrogant) d'un « qui doit être », d'un *sens*.

Or, voici que Marine Le Pen s'annonce absente et qu'un sondage (au reste, rapidement contredit par un autre sondage) souligne l'intérêt de la disqualification de la candidature frontiste pour celle du président. Aussitôt sonne la charge des « fidèles émoucheurs »[5] du candidat candide… « civilisation inégales »…puis celle de "l'amateur des jardins" élyséen soi-même, envisageant dans *Le Figaro*, entre autres indices de sa souveraineté issue de celle de la démocratie représentative, un referendum sur le droit à indemnisation des chômeurs…Aussitôt s'illustre le goût immodéré de la droite réputée modérée pour la vulgate frontiste de la division, du salut par la stigmatisation et l'amalgame, de la salvation narcissique par le dénigrement pervers de l'autre…

Ceci porte atteinte à l'état de droit, au corpus de valeurs universalistes français, au sens, au « ce qui doit être » en république française millénariste façon laïque ?

Qu'importe ?

L'état de droit est, sous Nicolas Sarkozy, le féal de l'état de fait.

La politique du gouvernement Sarkozy est une politique sinon réactionnaire, du moins *réactionnelle*.

Quasi purement.

Elle se soucie peu de fonder ou de nourrir une identité des valeurs, une vision collective du monde, de faire sens, d'identifier une ipséité et un devenir collectifs.

---

[5] *L'Ours et l'amateur des jardins* de La Fontaine.

Elle se moque d'être quoi que ce soit qui vaille politique, circonscription d'une *polis*.

Elle réagit.

Elle soumet le droit au fait, le politique à la politique, le long temps à l'instant, la vision au réflexe, la connaissance à la sensation, le cognitif supérieur à l'affectif immédiatiste, le sens au bon sens. En un mot, elle est inculte. Elle ne voit dans le monde, dans l'époque, dans la situation, qu'un stimulus, qu'une discontinuité provocante, elle fait l'épargne absolue de la pensée (de la pesée) critique appliquée à la cité, elle est pré-kantienne, elle n'interroge pas le monde et sa lecture pour leur tenir la bride. Elle met au service de l'errance, de la danse de Saint-Guy de la « réalité », toute son irréfragable énergie.

La cité Sarkozy n'est pas projet, économie, livre à venir, dispositif, agencement du monde, elle est le monde même. Elle va à vau-l'eau avec l'autorité de la botte (de sept lieues) piétinant l'ouvrage, du philistin giflant le sage, du cancre flétrissant le maître.

Le gouvernement Sarkozy aura marqué l'apogée de l'exercice inculte du pouvoir, l'apogée de l'omnipotence de l'impensé tactique, du renoncement bonhomme à la formulation stratégique.

Rien ne nuit tant à une crise que la mise en crise de cette crise, que la production d'une critique de cette crise, que l'aménagement courageux d'un écart autorisant une conception de cette crise, écart depuis lequel se forment et se développent des protocoles palliatifs.

Ceci est de l'ordre du droit, ceci est de l'ordre du politique.

Or, la crise n'aura été, sous Nicolas Sarkozy, que l'alibi d'une succession ébaubie de réflexes contradictoires et revendiqués tels au nom d'un pragmatisme qui n'est, au fond, *qu'une paresse de l'idée*. Les mesures se succèdent, chacune solution de continuité de la précédente, au fil capricieux de la marche de l'événement-roi.

Foin des think-tanks, vive la « cellule riposte »…

Ainsi s'instaure un empire du fait.

Certes, l'on concèdera au gouvernement Sarkozy telle conception de la voix de l'Europe, de la dignité des peuples, ceci ne peut lui être ôté. Mais la présidence française de l'Europe, l'affaire géorgienne, l'intervention en Libye ne font que souligner, comme des exceptions une règle, la superbe vacance de conception politique du dineur du Fouquet's.

La pratique du pouvoir du gouvernement Sarkozy demeurera aux yeux de l'histoire clinquante et inepte, brutale et creuse (comment ne pas voir, par exemple, dans l'usage intempérant du mot « folie » par le pouvoir une dénégation de la sienne propre, qu'il pressent, cette « folie » qui est, étymologiquement, un vide, une vacuité de pensée ?), martiale et bête, primesautière et inculte, énergique et velléitaire, sans doute aussi sincère qu'inconséquente, « simple », en somme, innocente, c'est à dire politiquement nocive, méchante (*mes cheante*, c'est à dire « tombant mal »), anxiogène.

Marine Le Pen éliminée ?

Nous verrons.

En tout état de cause, l'hypothèse de l'absence au premier tour de l'égérie bleu de nuit aura bel et bien fonctionné comme l'une des dernières occasions pour le pouvoir en place d'affirmer sa farouche incurie s'agissant d'illustration du politique, mieux, de la...*civilisation*.

Emmanuel Tugny

LA VIE EST IDIOTE

La vie est idiote.

Ce n'est pas qu'elle soit imbécile : elle est idiote. Elle l'est au sens premier du mot idiot : elle est « simple », « sujette », elle est sans emprise sur soi.

Elle est irreproductible. Nulle idéation ne saurait en faire une construction formulable.

La vie ne peut se formuler : lors même qu'on la formule, elle produit son informulé. Lors même qu'on en produit un double, une image, une « transsubstance » constituée en matière à entendement, en « sens », elle se venge en tournant en dérision cette fiction d'elle-même que machine la machine arrogante à idéation, cette machine que manipule en enfant la victime d'une inquiétude : celle qu'il n'y ait rien qui soit la vie, au sens où la vie serait un objet, une identité trônant au cœur de ce qui ne serait point la vie.

Une identité singulière, une « ipséité »

Lors même qu'on désespère qu'elle soit quelque chose, elle le devient comme pour rire, le temps de se refaire une beauté de sens, pour bifurquer à nouveau.

L'on ne saurait rien entendre à la vie sinon qu'elle est, comme un rire, une brutalité stupéfiante et communicative, quelque chose qui « faisant presque peur » (Bergson), libère de la peur.

Un « chat du Cheshire »…

Quelque chose qui, convoquant à la quête malade du sens, vomit cette quête, renvoie son sujet à ses chères études, sous goudron et sous plumes, le hochet du bouffon en main.

Elle est simple, la vie, elle ne se conçoit que depuis « l'inconception » : le jour y vient toujours après la peine, rien n'y change puisque tout y change...

L'Histoire retiendra que sont morts ce week-end Vaclav Havel et Kim Jong Il.

Elle avouera, l'Histoire, ce faisant, qu'elle a bien du mal à se constituer en histoire dès lors que la vie est simple et qu'elle daube celui qui, pour y trouver l'Histoire, y guette le sens.

Entendre quelque chose de la vie, à la vie, c'est s'aliéner à l'instant, c'est s'aliéner au fugitif, à cet instant, à ce fugitif qui ne sont pas même instant, pas même fugitif, puisque quelque chose en cet instant, en ce fugitif même, atteste qu'il ne sont rien qu'une fiction ourdie par la peur qu'il n'y ait rien hors l'invention du monde.

Qu'il n'y ait rien qui, en vérité, se nomme « vie ».

« Vie des hommes », par exemple.

Sinon ce qui, sur le néant de l'entendement de ce néant idiot qui est comme un rire, se constitue tel.

Le regard sidéré de celui en qui la contemplation a fait justice de l'arrogance de l'entendement, par exemple.

Le regard sidéré du poète en qui s'est tue la nécessité de la rime et de l'articulation signifiante du monde.

Et qui est au lieu, *du lieu*, tranquille et muet sous les constellations.
La volonté improbable d'artisan du poète (ou du dramaturge) civique construisant le sens absent, faisant objet sur le néant d'être, inventant un sens dont il sait et dit (contrairement au tyran, à Kim Jong Il, par exemple) la consacrant, la superbe, l''indispensable vanité.

Laisser passer le sens absent ou lui substituer une machine qui soit l'objet fragile d'une volonté se sachant rêveuse et seule détentrice de la vie comme objet, ceci est vivre, sans doute, en homme.

Les deux morts annoncées aujourd'hui, celle du dramaturge de velours tchèque, celle du satrape carnavalesque coréen, enseignent au fond de la vie qu'elle ne cesse d'être idiote, qu'elle ne cesse d'être rien que quand, ayant renoncé à y voir un objet s'imposant à la raison, au jugement, au bon sens, en militant vaincu d'avance et généreux, en Vaclav Havel, par exemple, *on en fait quelque chose.*

LA "MALADIE INFANTILE" DE LA GAUCHE

Le politique est affaire de recherche d'équilibres.

Cette recherche s'applique au monde et à autrui. Elle est aussi réflexive : le politique est affaire de recherche d'équilibre du rapport à soi, à autrui et au monde. Il est, en cela, le cadre d'une *discipline*, d'une éminente, peut-être d'une suprême discipline.

Daniel Cohn-Bendit, évoquant, le mercredi 24 novembre, l'attitude de la candidate Eva Joly à l'endroit du Parti Socialiste français a, au détour de quelques phrases, signalé en creux du politique ces deux traits fondamentaux.

On le cite ici de mémoire :

« Eva veut une république exemplaire, quelle horreur ! »

« La politique n'est pas seulement une affaire d'exigence morale. »

Scandaleux, Dany le Rouge ?

Impudent ?

La tentation est de le croire, la tentation est de le penser, la tentation est de le dire…

Il ne fait pourtant que dire la racine du politique, il ne fait pourtant qu'en désigner la valeur, la dignité particulière, au champ des activités humaines.

Le Libertaire a dit en quelques mots quelque chose de la beauté et de la bonté du geste politique, c'est à dire du bon et beau geste à son propre endroit de la communauté espérant en l'avenir.

Le politique est affaire d'équilibre, d'établissement en soi, de construction, d'une vérité partageable avec autrui, elle est négociation avec soi d'une conviction stable et négociation avec autrui de la qualité de cette conviction au regard de la nécessité du partage.

Cette négociation est, comme la théologie, négative ou positive : la conviction stabilisée depuis la négociation en soi, en « l'atelier » de conception d'une vision du monde et des hommes, précède une négociation avec un double autrui : celui qui, *mutatis mutandis*, est le même, celui qui, *mutatis mutandis*, est « de l'autre bord ».

La conviction intime n'est conviction politique qu'en tant qu'elle définit ses formes par négociation positive avec ses adhérents potentiels (je nuance acceptant), par négociation négative avec ses contradicteurs postulés (je nuance refusant), ceux-ci -ou leur fantasme-, autorisant la conviction à gagner le champ pragmatique en suggérant intensité, forme dramaturgique, *pathos*, de la profération du pensé.

Le politique est affaire de modalisation d'une pensée à la rencontre de la scène du monde social. Elle est dramaturgie, c'est-à-dire « corporalité » négociée d'une pensée.

Il ne saurait s'asseoir sur la seule conviction, sur la seule certitude, fussent-elles admissibles ou même estimables au sein démocratique.

Or, la morale est le champ de l'axiome, de « l'allant de soi » (du "Naturel...?"), de « l'à admettre » en ce qui regarde la relation au prochain.

En ce sens, elle surclasse ou transcende le droit, qui est affaire relative.

Eva Joly est un juge qui se transcende en politique, elle y promeut, c'est sa particularité indiscutable, l'axiome moral non négociable. Comme pour rédimer une vie mise au service du relatif, elle se fait le passeur d'absolus relevant du même ordre.

Eva Joly incarne non tant le droit que le passage par le politique comme essai de rédemption du relatif par l'absolu.

De l'autorité relative par l'autorité absolue.

Du dialogue par le dogme…

Voici la morale en statue du commandeur rachetant les fautes du droit.

Voici le puissant axiome, voici l'imbattable vrai, voici l'implacable évidence joutant avec la corruption -partant la faiblesse- et la rouerie corollaire naturelles d'un politique en dialogue, en tractation constante avec soi, autrui et le vrai.

Voici ce qui est donné aux prises avec ce qui se construit…

Celui qui, en politique, croit en ce qui est donné, en l'évidence reçue, a un "ennemi" et un seul : celui qui croit en la fabrication partageable d'une réalité à venir obtenue au contact des siens et au contact du camp opposé.

Celui qui, en politique, croit en ce qui est donné ignore les répartitions politiques par camps et convictions relativement négociables, il ne fait pas de différence sensible entre droite et gauche.

Celui qui, en politique, croit en l'évidence reçue, tient pour enfants d'une même argile ceux qui, au sens fort du terme, font de la politique…

Il tient les accords pour méprisables, le dialogue pour avilissant, les concessions pour diaboliques.

Il est l'antipolitique égaré au monde politique.

Qu'il en vienne à bout et l'électeur découvrira, le temps de l'action, de l'influence sur le droit de la conviction morale inébranlable s'inaugurant, le caractère *absolument relatif* de la vérité révélée et la cruauté aveugle de son féal…

Qu'il n'en vienne pas à bout et l'électeur se bornera à constater la désuétude, le décalage, le déphasage béjaunes, aristocratiques, chevaleresques, de candidats promoteurs de « pureté » médusés à ce constat pourtant obvie que le politique n'est qu'affaire de détermination collective, au contact opératoire d'autrui, d'une vérité relative, d'un équilibre temporaire, d'une modalité provisoire de la vie commune, en un mot de dialectique…d'impureté…

Daniel Cohn-Bendit n'a pas dit la nécessité de la corruption, il a dit, un peu comme Lénine en mai 1920 à ses frères communistes les plus "jusqu'au-boutistes", la « maladie infantile » de sa candidate et, peut-être, de la gauche française tendance Mendès ou Jospin, cette maladie fondée sur le sentiment quasi pythique d'un accès lucide à la vérité morale, accès qui entrave la marche du voyant sur ce chemin borné par les altérations, par les modulations dialectiques consubstantielles du politique comme pratique et comme valeur.

Il y a une dignité éminente du voyant, de celui qui « sent » l'intangible moral mais, en politique, l'exercice de cette dignité n'est au fond qu'un principe de plaisir, qu'un instrument de puissance stérile si celui qui voit ne fait pas l'expérience de l'autre et de son influence nécessaire.

Renoncer à sa conviction de voyant pour emporter la mise est infâme (car l'on n'est rien au monde quand on ne « voit » rien, quand rien ne guide l'existence qui y fasse, qui en fasse un sens), faire échouer cette conviction en ne la confrontant pas, sans renoncement, à la capacité de gauchissement, d'amendement d'autrui, est puéril.

Est inadéquat au politique et politiquement vain.

La gauche de France peut une fois de plus perdre les élections présidentielles sans que son adversaire ait outre mesure à s'employer.

Il lui suffit de croire qu'il lui suffit de croire…

Emmanuel Tugny

HOLLANDE SE POSE LA

François Hollande balance.

 L'on n'entend pas par là qu'il hésite mais bel et bien qu'il balance.

D'arrière en avant.

Le discours qu'il a prononcé à Strasbourg devant les jeunesses socialistes, le samedi 19 novembre, a marqué l'exaspération de ce balancement.

L'on n'aura vu que lui, imitation du Mitterrand frappé de *furor* rhétorique des grandes heures à part.
L'on n'aura vu qu'un balancement d'arrière en avant, engagé par des brassées, qu'un déséquilibre du penchement, dont on a peine à croire qu'il soit entièrement le produit d'une volonté entraînée de l'orateur, qu'une théorie d'effets de manche, dont on peut postuler qu'il est tout autant symptôme que gymnastique apprise.

Le bras entraîne le corps vers le chemin.

Cependant que le pied colle au pupitre.

Et, bien entendu, la langue suit.

Elle suit ne suivant pas, puisqu'il n'y a rien à suivre et que le corps penche mais ne progresse point.

La langue suit, ritualisant un bégaiement dont la pierre angulaire est l'adverbe « là ».

Les dictionnaires nous disent de cet « embrayeur du discours » de François Hollande, qui semble fait pour éponger tout l'excès nerveux de ce corps penché, qu'il a pour fonction de « marquer le lieu où se trouve le locuteur ou un lieu plus ou moins éloigné de lui ».

Qu'il hésite entre l'indication hésitante de la situation présente et le signalement vague d'une situation à venir, qu'il fixe un point indéfini depuis ce point en fuite éternelle qu'est le présent dont seule la mémoire, le délire poétique ou l'apophétie sauraient rendre compte.

Qu'il hésite, en somme, entre une ombre et une ombre.

« Là », serine François Hollande, à la fois immobile et en marche, c'est-à-dire *penché*.

« Là où je suis, qui n'est pas un *ici*, *par là où je suis*, je vous parle de ce *là* où je vais » ; et la main, qu'accompagne un regard comme apeuré (par soi, par autrui ?), mouline dans l'air un point de chute encore à circonscrire. Rien d'étonnant à ce que la jeunesse soit le cheval de bataille du candidat socialiste : il est tout entier au surgissement, à l'élan, il figure l'émergence, l'émergence à son stade émergent, celui au cœur duquel nul n'est encore ni tout à fait à ce qu'il est ni tout à fait à ce qu'il vise.
Celui au cœur duquel on se saisit à son âge désirant, pas encore à son âge arpenteur.

Martine Aubry reprochait à François Hollande son flou.

Le discours de Strasbourg lui donne raison : le corps de François Hollande traduit, dans le présent fugitif, le déséquilibre de l'incertain devant sa portée, entre fixation dans l'irrésolution de ce qui engendre et vision brumeuse de ce qui est à engendrer.

Pas de port, pas de cap : une tentation contrariée du progrès.

Une « jeunesse » consumée par un désir sans siège et sans objet.

C'est *ici*, à ce stade de l'observation du symptôme, sans doute plus subi que joué, que peut intervenir le transfert vers les terres de l'analyse politique ; et ce transfert n'est pas nécessairement frappé au coin que l'on croit.
L'on peut certes reprocher au candidat socialiste de mettre en scène avec un zèle symptômal excessif l'élan entravé, bridé, la volonté contrariée, la chevauchée immobile, en un mot, le cheminement conservateur.

On peut lui tenir rigueur de sa disposition à incarner sur la scène l'homme aux rats freudien voulant et ne pouvant pas, l'inhibé.

Nicolas Sarkozy est un corps que dévore une énergie prête à sourdre et qui se fait voie de toutes parts sous un costume qui peine à la contenir.

Le ressort est tendu.

Le discours achevé, on sait qu'il mordra.

François Hollande est un corps déjà offert à sa téléologie, à sa route vers un là, mais qui « demeure » quand les jours de l'action « s'en vont »...là...

Un corps conservateur.

Le corps d'une émergence, d'une jeunesse conservatrice.

Paradoxale ? Voire...

J'arrive, j'émerge, dit-il, je veux, je prétends mais je *demeure*.

Inhibition, flou, entrave, conservatisme, sans doute...

Mais aussi distance herméneutique, longueur de temps de l'analyse du là.

Du présent de l'action, de sa portée, de son devenir.

Il est avéré que le peuple de France, converti à l'idée que sa dignité n'en passe plus par la formulation de ce non politique

En 2012, l'électeur dira où...

Emmanuel Tugny

LOULOU 1ER DE MORDOVIE, L'ANARCHISTE COURONNE

On nous a couronné Loulou…

On nous a serré Jean-Claude, le renifleur de valseuses estivantes, au trône, la circonférence absente au scooter en république des bananes givrées, la délicieuse petite frappe du *Singe en Hiver*, de *1900*, le bras d'honneur à l'arrogance de classe sur deux pattes toujours folles, le boxeur tendre de Sautet, l'insomniaque en manteau de *Buffet froid*, dans une tunique brodée d'empereur nègre ou de paternel fouettard à datcha.

On a mis au piquet de la plus haute tour surplombant les bouleaux l'animal, la sauvagerie, le soufflet libératoire, la talent suprême de l'affranchi lâché en ville, du King-Kong castelroussin gagnant le Parnasse en toute subtilité brutale, de Vautrin tiré du bon ruisseau, de la mangrove circonscrite au faubourg où pourrissent d'ordinaire les fauves dociles des classes dangereuses.

On nous a couronné Loulou.

Quelque chose a lâché : c'est comme si, chez Coppola, De Niro devenait Pacino par décision d'Ubu. C'est tout à fait comme si Castro confiait le ministère de l'édification citoyenne à Tony « Scarface » Montana…

Quelque chose a lâché : que Gérard Depardieu ne souhaite pas se subordonner aux autorités conjointes du fisc, du législateur, de la morale républicaine, du bon sens citoyen, de la pensée conforme collectiviste, de la sympathie, du patriotisme bien compris, du principe de réel de crise, comment le lui en faire reproche ?

Gérard Depardieu, n'a pas, au champ social, de devoir, de fonction d'exemplarité, son magistère est celui de l'artiste dont il est heureux qu'il ne soit exemplaire que par choix absolument délibéré. Depardieu n'est pas, au champ politique, ce qu'y est tel politique, tel chef d'entreprise.

Son ministère, au coeur de la cité, est celui de la marge, de l'affirmation individuelle pure, libre, solipsiste, qui l'éclaire sur elle-même, précisément parce qu'elle refuse, par métier, de cultiver, par obligation, autre chose que la sophistication d'un *ars*, d'une *teknè*, d'un art, d'une domestication de soi, qui la rende capable de manipuler ces symboles dont l'addition est le miroir où le temps se mire.
D'un artiste, l'on ne saurait exiger l'engagement, quand bien même l'on ne saurait que le louer quand il advient.

L'on n'est pas artiste sans faire l'expérience de ce choix décisif et parfaitement autogénéré de la participation aux débats du forum, du versement de l'écot communautaire. L'artiste est placé devant cette option, elle ne le constitue pas comme identité politique.

Le livre X de *La République* de Platon bannissait le poète en tant que sa parole ouvrait sur l'offuscation du vrai par son imitation. Le poète est revenu en ville en des temps où l'imitation et le vrai sont devenus, par élévation tonitruante de l'un et silence dérisoire de l'autre, étrangement siamois. Le poète a cependant conservé de son exil au désert le goût jaloux de la vie au tonneau, de l'isolement au cœur de cette fabrique, de cet atelier solitaire où il se confère à lui-même la capacité de tendre au chemin du temps un miroir.

Le poète peut être socialement exemplaire, il convient cependant qu'il le souhaite, l'exemplarité sociale n'est pas consubstantielle de son être au monde. S'il fait exemple sans le choisir, c'est qu'il est et fait une « oeuvre ouverte » qu'achève le lecteur, le spectateur, l'auditeur mais s'il ne le choisit pas, nul ne saurait lui en faire reproche.

Loulou 1er de Mordovie a choisi, et depuis longtemps, des interviews accordées au début des années 80 en témoignent, de ne pas être un contributeur fiscal exemplaire. Soit, ceci ne saurait lui être reproché que depuis une méconnaissance de son être au monde et de son ministère, de son métier.
Mais quelque chose a cependant bel et bien lâché, qui transcende de beaucoup Gérard Depardieu…

Voici en effet que l'acteur Diogène, que le refuseur social, que le contempteur des conventions, voici que Falstaff conchiant la bonne conscience autoritaire, comme toute autorité, en commençant, bien entendu, par celle du cadre cinématographique ancien qu'il a contribué à faire trembler sur ses bases de film en film, voici que le « working class hero » superbement indigne vient devant le spectateur utopiste atterré faire allégeance au satrape…

Voici que l'anarchie faite homme vient caresser le menton tendu et l'épaule parachutiste de ce que le monde contemporain compte de plus radicalement autoritaire, de plus impudemment arbitraire, de plus sournoisement liberticide.

Voici que l'animal poète vient tendre le joug, afin qu'il le lui passe, au Moloch normatif…

Que Raspoutine rase Poutine, gratis.

L'on ne saurait reprocher quoi que ce soit à Gérard Depardieu sur le terrain de l'exemplarité sociale. L'on ne peut en revanche qu'être consterné par la mise au pas hilare de cela même qui l'autorisait à n'être pas exemplaire, à ne l'être jamais, avec panache.

Ce n'est pas le contribuable offenseur offensé qu'il s'agit de plaindre ou de blâmer, c'est l'anarchiste dorloté par le tyran, la liberté en actes recevant l'onction du geôlier d'un peuple.

Mais n'est-ce pas le paradoxe historique, sans doute éclairant, toujours désespérant, de l'anarchie, que de ne se voir jamais remettre le sceptre que par les plus radicaux de ses ennemis proclamés ?

Emmanuel Tugny

L'ETRANGE SOURIRE DU PEUPLE DE FRANCE

- 85 -

Le peuple de France est confortable.

Le peuple comme "dispositif", comme agencement, comme engendrement de la collectivité par elle-même et par ses élites, est devenu en France un peuple confortable.

Il ne bronche pour ainsi dire plus.

Il ne regimbe ni ne s'indigne.

Plus on l'y invite plus il goûte cette invite (ah, le succès réconfortant de l'ouvrage de Stéphane Hessel...), ne s'y conformant toutefois point...

Qu'on l'observe du dehors et l'on s'étonnera de le trouver si acquis à toute cause, si bonne fille universelle, si peu semblable à son*imago* historique.
Le Superdupont hâbleur, râleur, arrogant, farouche, superbement égalitariste, aristocratiquement jacobin, autoritairement libertaire, est une descente de lit...

Des décideurs éperdus, hagards, s'y essuient les pieds, faisant feu de tout bois rhétorique, excipant du bon sens pour imposer le produit de leur effarement, de leur incapacité à tordre le bras de ce qui va indépendamment d'eux et qui ne va décidément pas.

Y écrasent leur mégot des gouvernants qui bombent le torse, raidissent le mollet pour dissimuler leur terrible sidération.

L'impéritie chausse le masque de la gestion responsable.

Sous le bon père de famille, l'enfant angoissé.

L'enfant tourmenté par son monstre.

Inique, depuis trop longtemps inique, la différence de traitement de la fonction publique et du secteur privé devant l'arrêt-maladie ?

Soit, arasons, égalisons : un jour de carence de plus *pour tous* !

Soit le maintien d'une iniquité ? Qu'importe...

Le vieil enfant angoissé ne prend plus la peine de convaincre, ne s'embarrasse guère plus de pédagogie. Il est absurde ? Qu'importe.

Ce qui n'était jusqu'ici pas intolérable le devient soudain évidemment...?

Cependant que changer n'y change rien...?

Qu'importe...

« Justice, justice, justice », proclame l'enfant soudain soucieux de cohésion du corps social, « république, république, république », « conscience, conscience, conscience » proclame l'enfant qui frappe le blessé volontiers fraudeur, « voleur de Français », l'enseignant dont la capacité à nourrir son activité séminale se voit réduire par des choix de TVA, l'artiste dont les produits s'enchérissent, l'infirmier harassé soudain de surcroît carencé, comme ses collègues en fonction publique, le salarié dont le temps de fatigue s'étire sans répit à l'horizon au gré de réformes de retraite spastiques et purement réactives...

"Justice, république, conscience", dit l'enfant injuste, l'enfant oligarque, l'enfant inconscient, l'enfant autoritaire, qui fait prendre à son opinion les vessies de la réaction de panique face aux oukases de son monstre, de longtemps créé par des résolutions inconséquentes[6], pour les lanternes de la décision de bon sens d'un empire adulte.

Et le peuple de France ne bronche pas.

Il est confortable.

Il contamine jusqu'à ses représentants syndicaux.

Il semble désespérer jusqu'à son opposition démocratique qui, devant son mutisme, tarde tant à relever le gant avec audace qu'on la dirait, sans doute injustement, victime des charmes de son adversaire...

Elle-même sidérée, pour tout dire...

Ainsi, François Hollande est le candidat du peuple de gauche confit en mutité...il s'oppose, certes, mais il s'oppose tout lesté par le silence de son électorat...il hésite à dire parce que rien en son électorat ne le porte vraiment à dire en majesté...

Il en est réduit à interpréter avec circonspection la nature d'un silence.

Le peuple de France est confortable.

---

[6] Au premier rang desquelles la création d'une monnaie commune sans institution concurrente d'une instance fédérale directement dépendante du politique -et partant légitime- de planification, de prospective, de régulation, de péréquation et de redistribution économiques.

Mais il ne l'est pas par adhésion.

A l'observer de près, l'on notera en effet sur son visage de peuple un étrange sourire...

Il faut au politique un peuple particulier -un agencement politique appelé peuple, pas une ontologie collective, pas le peuple conçu par l'extrême-droite- pour exercer pleinement son ministère.

Il lui faut un peuple qui dialogue sans empêcher, il lui faut un peuple qui s'enchante et se mette en branle.

En un mot, il lui faut un peuple *sensible*.
Un peuple dont la sensibilité à la décision de ses élites est garantie par un respect de ces élites pour ce peuple.

Un peuple qui *s'intéresse* parce que son intérêt se trouve monétisé par l'action publique.
Le peuple de France est confortable parce qu' il est contesté dans son intimité intelligente, brisé comme interlocuteur, comme émetteur d'une pensée recevable, par la confusion rythmique, entêtée, de l'injustice et du bon sens, de la folie et de la sagesse, de l'absurde et de la logique, de l'inhumain et du solidaire, de l'inculte et de l'expert, parce qu'il est châtié par l'arbitraire et la morgue du parvenu d' autant plus cruel que parvenu (« vous qui souffrez, remuez-vous ! »), d'autant plus radical qu'affolé par ce « malheur proprement propre » que provoque *son* monstre monétaire.
Le peuple de France est confortable parce qu'il a pris acte de ce qu'il vaut peu, de ce qu'il mérite ce qui l'accable.

Il est confortable parce qu'il a appris à abdiquer de sa voix au chapitre, parce qu'il a appris à y renoncer, parce qu'il baigne dans « l'impuissance acquise », dans un état incontestablement mélancolique qui le rend disponible à la fessée.

A la fessée reçue par le poète de sept ans de Rimbaud :

> *Tout le jour il suait d'obéissance ; très*
> *Intelligent ; pourtant des tics noirs, quelques traits*
> *Semblaient prouver en lui d'âcres hypocrisies.*
> *Dans l'ombre des couloirs aux tentures moisies,*
> *En passant il tirait la langue, les deux poings*
> *À l'aine (...)*

A la fessée reçue par celui qui sourit d'un sourire noir et semble murmurer à qui le frappe que, le moment venu du réenchantement du monde par le politique, de l'adhésion nouvelle au neuf, de l'espérance recouvrée en la bonté de l'avenir, la partie, pour le pire, *se jouera sans lui*.

PAPANDREOU L'ENFANT PRODIGUE

Patatras ! Voilà qu'un de ces « caprices d'enfant » chers à Michel Audiard met à bas un dispositif adulte.

Voilà que le laborieux tour de table, que la pénible macération de la voiture de masques incarnant la responsabilité, la gravité de la raison (celle qui sait rire avec la morgue du sage, face aux micros, de la déraison que le rire définit en creux) se voit rompre en visière par un enfantillage.

Voilà que le succès de la politique, de cette politique inféodée au beau tropisme de réaction, de cette politique dont la dignité est de tirer des conséquences, de modérer, de concilier, de baigner dans le jus aride des dossiers proposés par l'objective objectivité des situations se voit contester contre toute attente par un "dehors" irresponsable.

Angela Merkel, Nicolas Sarkozy, Jean-Claude Trichet avaient évité le pire : ils avaient concédé à la Grèce de persévérer dans l'emprunt sous condition de sérieux gestionnaire. Ils avaient obtenu des banques qu'elles participassent à la formation continue d'un état banquier. Ils avaient convoqué la Grèce à la poursuite de l'adhésion à une logique dont la nature irréfragable ressortit pour eux non plus à l'économie qui est la définition relative et partant possiblement démocratique de la manutention du foyer politique mais à l'ontologie, *à ce qui est.*
Ils avaient permis à la Grèce non pas de prospérer dans la tenue de la maison Polis mais de continuer à être dans l'être puisqu'aussi bien l'être de la politique est *en eux* la gestion

mesurée de la dépense, l'observation obsessionnelle des flux monétaires, le déni de l'ailleurs du dispositif monétariste. Ils avaient appris à la Grèce de rêver à l'Arcadie d'un remboursement possible, de nouveaux emprunts, d'un pacte enfin renouvelé avec ce qui est et avec son peuple.
D'un pacte de souffrance ?

D'un pacte de souffrance, certes, mais d'un pacte de reconnaissance comme *essentielle*, comme fatale, d'une souffrance dont la téléologie certaine quoique lointaine est le jouir, le *gaudeamus* consumériste...
L'Euro fort était sauvé, l'économie d'expansion fondée sur la castration des entreprises non solvables (éducation, culture, santé...), sur la foi en un salut par la création de la valeur ajoutée monétaire, pouvait envisager de ne pas mourir de soi même (comme si un être courait ce risque...). L'Histoire pouvait continuer d'`être morte...

Le sérieux de celui qui voit, la gravité de celui qui reconnaît le réel avaient prévalu. Tout juste fallait-il que le réel s'imposât davantage encore à celui qui en souffre comme une nécessité. Tout juste fallait-il que celui qui souffre reconnût, sous le dispositif, le réel. Tout juste fallait-il que l'enfant fût châtié de son aveuglement ; de cet indigne aveuglement indigné d'enfant qui, le conduisant à s'interroger sur la nature véritablement ontologique de ce dont il souffre, l'incitait à y voir la relativité d'un dispositif, la fragilité d'un agencement, à faire la démonstration par l'absurde de la nature politiquement optionnelle de ce qui lui était présenté comme le réel en minant du dedans l'*oikonomía*.

En terre de sophisme, on est par trop enclin à considérer le réel comme le produit d'un choix charismatique.

En terre de sophisme, on est trop enclin à poser la vérité politique comme un coup de dés abolissant dialectiquement et provisoirement le hasard. La vérité politique *est*, point n'est besoin d'interroger qui la reçoit *comme être* dans l'incarnation quotidienne du châtiment. Il ne s'agissait pas, enfant mauvais, fol enfant, de voter, mais de reconnaître ! Le sage politique contemporain ne cherche pas, il trouve. Il ne construit pas le sort de son peuple, il le reçoit de l'ordre des choses...
Patatras !

Voilà que l'ingrat Georges Papandréou commet l'irréparable : il demande à son peuple de voter pour l'adhésion ou non au réel...

Voilà que l'infantile premier ministre grec fait dépendre du suffrage démocratique de ses administrés étranglés la reconnaissance de ce qui est. Non pas de ce qui est en l'actuel mais bien de ce qui est, l'Histoire ayant délivré son verdict. L'opinion va être appelée à reconnaître ou pas ce qui est...Le corps politique va se voir autorisé à prendre barre sur la politique... La cité va se voir doter du pouvoir de trancher entre assomption du vrai et dévotion au faux. L'être et le non-être vont se voir mis en un état d'`équivalence odieux au motif que le fatum politique fait souffrir ses brebis...

Ses moutons.

Il ne s'agit plus, alors, de chausser le masque du rieur face à la farcesque impuissance berlusconienne mais de chausser le masque tragique de celui qui voit l'être politique réduit à ce qu'il ne saurait être : le produit d'une volonté populaire de vivre heureux ensemble. George Papandréou a commis l'irréparable : il a défini le politique comme ce qu'il est, c'est à dire rien qui ne soit le produit d'une volonté populaire de vivre heureux ensemble définissant des agencements toujours relatifs puisque toujours soumis à leur contestation dialectique par des agencements alternatifs.

Georges Papandréou est un enfant prodigue, un Orphée revenu des enfers du dogme, de l'ontologie fausse, de l'humiliation du fait et de l'Histoire démocratiques.

On l'embrasserait !

LE POLITIQUE A L'ATELIER !

L'actuel est, comme l'écrivait Louis-Ferdinand Céline à propos des journaux du soir, un "formidable artichaut de nouvelles qui rancit." Son emballement à péremption rapide, sa primeur rococo est une convocation névralgique à sentir, à ressentir, à entendre, à juger.

De cet emballement échappe d'autant plus la signification, en l'actuel, qu'il n'est pas la conséquence, la téléologie d'une pensée du monde qu'incarneraient au monde des unités morales (des institutions jalouses de leur libre-arbitre) de conception de l'emballement, d'architecture de l'événement. L'idéologie, en effet, ce Léviathan fustigé au comptoir du café du commerce politique, cette fabrique à faux entendement, cette fauteuse de coercition mortelle ne serait bonne que morte, mieux, elle serait morte, laissant Dieu et l'Histoire prospérer pour leur part, quoi qu'en eussent Hegel, Nietzsche, Kojève ou Fukuyama. Règne en l'actuel un Réel d'autant plus pervers, d'autant plus étrangement inquiétant qu'il est le produit affranchi d'un organe dont se prive aux forceps le politique. L'idéologie a modelé son Golem, ce Golem l'a mise à bas en en abolissant la portée dialectique, la dimension créative par émulation. Ce Golem a mis fin au dialogue trop fiévreux, trop bruyant, à l'éristique "all' italiana" de ses créateurs. L'actuel est une créature affranchie du conflit des visions du monde qui l'ont engendré. Il va son chemin et oppresse ceux qui ont perdu exprès les clés de son engendrement, il est l'objet célibataire d'une main devenue invisible par pudeur (et sans doute par paresse) que ses fautes historiques ont conduite à confondre décence et abandon. L'actuel est un être nébuleux, qui ne change jamais puisqu'il change toujours, que ses maîtres ont abandonné par pudeur et consomption...et qui se venge. La fin du dialogue des fictions infantiles du devenir est garantie par un accord tacite : la délégation au sujet comme "présence au monde" de sa prospérité et de son salut. Le "fais ce que tu es" a succédé, sans que s'interrompe le cours de l'Histoire, de la narration politique, au "fais ce que tu dois". Le moteur est lancé, la clé de son mécanisme est demeurée au vieux monde, plus qu'inatteignable : impensable. La vie de la cité n'est plus le produit de la détermination par le dialogue antagoniste de la vie de la cité, elle *est*, elle est ce qui, résolution volontariste de ce dialogue, le rend impossible. *La nave va*, les capitaines écopent. Le sujet politique, à quelque stade de responsabilité qu'il opère, est l'objet de son objet : il souffre du célibat de sa créature, de cette créature dont l'essence est pourtant la satisfaction de son tropisme de résolution, en fin de compte, des conflits urticants inhérents à la vie propre de la raison historique. La cité monétariste, la cité usurière, la cité garantissant l'émancipation possédante, l'endettement du sujet vis à vis de soi, son indépendance éminente, sa belle autonomie autarcique et pour tout dire solipiste, l'inféode. L'objet désiré fait du désirant son objet, le sujet politique est "de soi". Les remèdes négociés sont autant de castrations. Ce corps de désir libéré, aliéné en une cité libérée par la victoire de son désir désormais dogmatique souffre de soi. Voilà qu'une maladie étrange conduit la paix du sujet, libre de persévérer en soi, à causer son angoisse. Et voilà que de cette angoisse procède un affolement, celui qui émane du constat que quelque chose en soi, de soi, cloche, l'affolement du "plein coeur", du for intérieur, qui ne peut plus user de distance critique face à une souffrance qui n'est autre que celle que cause son *être-objet*, son aliénation en cité, son appendice séculier, coutumier. Le politique n'est plus objet distinct conçu pour tous, il est expansion, co-extension de soi. Il fait mal et c'est un mal en soi, de soi, qui opère du dedans. Foin de l'action, de la construction d'un sens : c'est un examen de conscience, un examen réflexif qui s'impose, une "critique de la déraison pratique"...Or, ceci suppose un temps, une éthique de la partition, de l'établissement du partage entre le sujet politique et le politique. Quelque chose fait coin, cloche, entre l'émancipé, l'affranchi et la cité qui lui ressemble. Quelque chose fait qu'íls ne s'entendent plus quoique les mêmes...Réagir, être aux ordres, se subordonner à l'objet est manifestement de peu d'utilité : de combien de temps disposent encore les pays endettés à mourir pour continuer à être ce que leurs citoyens endettés à mourir sont ? Combien de temps mettront les pays endettés ou créanciers à mourir d'avoir renouvelé à l'envi leur pacte avec ce diable objectif qu'est la maladie du "mourir de soi"? Prudence. Longueur de temps. Thomas d'Aquin nous parle : "prudence."

Non point lâcheté, pusillanimité mais examen abstrait, examen aveugle et sourd des conditions du retour d'une téléologie conçue, d'un avenir vraiment objet, d'une cité assujettie à la pensée et non plus maîtresse de ses séides éperdus à peine élus. Le courage, l'audace sont là. L'impavide est celui qui fait retraite. Le temps semble venu du retour de la pensée créative, si chère à Gilles Deleuze, appliquée au salut politique ; le temps semble venu d'examiner les conditions d'une "distinction" du politique comme création tenue, "arraisonnée", de la pensée du devenir collectif. Le temps semble venu, sa fin ne garantissant rien moins que la mort de l'histoire comme dialectique des pensées du salut collectif, rien moins que la mort de Dieu qui fait figure de recours naturel (de "même catégorie", dirait-on en boxe) quand le Réel des hommes bourrelle, de la réapparition du concepteur, du "poète" politique, de l'idéologue ayant appris de ses errances d'enfant poète bête ou cruel. Prudence, suspension, longueur de temps, fabrique, compte-rendu de la fabrication, résistance courageuse à l'emballement, quête de la durée et de la résistance des objets de pensée politique, tels pourraient être les outils éthiques du politique nouveau. L'actuel hurle l'urgence d'un retour à la forge.

À l'atelier.

EN ROUTE POUR L'INFAME

- 98 -

Jaurès, Renan, Aron, Marx, Bolivar, Malraux, Montesquieu, Chateaubriand, Voltaire, De Gaulle, Mitterrand, Gramsci, Hugo…

Hugo…

Ils furent légion, ces derniers mois, ceux qui agitèrent les noms capitaux au vent propice de la vacuité contemporaine, d'un temps orphelin du petit pas profond de ses princesses de Clèves, comme autant de hochets attestant le retour sur la tribune de l'humaniste.

Il revenait enfin en cour, celui à qui l'encyclopédie ne la fait pas, celui qui, n'arborât-il pas le crâne d'œuf bien plein du héraut de l'Académie, n'en était pas moins capable d'exsuder l'Histoire, la culture, le long temps des formes et des formes de pensée.

À en croire Henri Guaino, Jean-Luc Mélenchon, leurs séides, on allait voir ce qu'on allait voir, à cru, en direct ou par procuration. Ça allait renifler le Lagarde et Michard, les classiques, la picdelamirandolerie, à fond les gamelles cicéroniennes. Ça allait faire litière de la communication venteuse des marchands du temple twitteurs et élémentiers de langage.

La figure de l'orateur, la figure du lettré, pas du diplômé (« O, Pierre Poujade, ne tremble point ! »), du *vrai* lettré, celui pour qui la réification de la lecture à fins d'études est un peu méprisable, allait faire retour.

À quelle fin ? Relativiste, hypocrite lecteur, relativiste…

Il allait fesser un temps que son ignorance conduisait à ne point se souvenir, c'est-à-dire à perdre conscience de sa position au temps, de sa position au règne de la raison historique, c'est-à-dire à perdre son sens et à errer, asservi par ceux de ses habitants qui ont assurément à gagner à le voir marcher à rebours de son sens.

On allait voir la République, la Nation, l'Internationalisme d'essence culturelle, la visée historique, en remontrer à la courte vue monétariste, à la levée des égoïsmes, à la curée exercée en l'âme par le désespoir de celui à qui l'amnésie livresque dissimule la beauté du jour à venir.

Et tout ceci avait de quoi séduire celui qui lit, celui qui a vu des mondes, celui qui a vécu mille ans dans la parole transmise.

Celui-ci espérait à bon droit que le recours à la culture, que les retrouvailles ferventes avec la bibliothèque le conduiraient à voir, de son vivant restauré, la réapparition d'un sens de la marche.

Oui, mais il eût fallu qu'on relût aussi Sénèque ou La Fontaine, par exemple, dans les coulisses tribunitiennes : patience, patience…

Il fallait que tout cela « prît », que l'orateur fît patience et attendît qu'on eût relu pour porter un deuxième coup, qu'il ne fût pas altéré par ses premiers échecs en prosélytisme…

Il n'a pas su attendre : il a voulu faire impression, buzzer, concéder au vortex de l'époque, *faire spectacle*.

Il a livré son public en pâture à l'ignoble du temps. L'ange humaniste à la bête immédiatiste.

Il a fait pire que l'inculte : il a prostitué la culture.

Il agitait le hochet République ? Voici qu'élu de la nation, il insulte le juge.

Il agitait le hochet de l'internationalisme généreux ? Le voici qui flétrit la finance apatride.

Il offrait son flanc mystico-laïque au dragon lepéniste ? Le voilà qui, tout à fait à son instar, joue du vague de la référence, de l'ambiguïté de l'apophtegme, pour galvaniser son monde, celui-ci accueillît-t-il en ami le pire, le guesdisme sourd, le gauchisme antidreyfusard latent.

Oui, l'on attendait à bon droit beaucoup du retour sur la scène politique de l'orateur éclairé, de l'humaniste militant.

On attendait par exemple qu'il opposât un sens à l'absence de sens, le temps à l'instant, un sens de l'Histoire bien vive à celui que l'extrême-droite manipulait avec une indiscutable agilité devant le lamento paresseux de contempteurs lassés des livres : un sens de l'Histoire fondé sur l'élévation collective de la cité, sur sa construction altruiste.

Maurras avait su parler : en effet, l'on attendait Hugo…

Hugo…

Guaino, Mélenchon, Le Pen, même combat ?

Non : les deux premiers ont, ces jours derniers, fait bien pire que professer les vertus de l'infamie historique. Ils ont subordonné la bonté de l'Histoire, celle de la pensée, à cette infamie.

Ils n'ont pas fait valeur du désespoir, ils ont fait pire : ils lui ont aliéné l'espoir.

Qu'ils s'en excusent et l'on verra.

En attendant, il me semble qu'on peut, raison gardant, verbe tenant, et quoi qu'on puisse penser du gouvernement en place, les maudire pour cela, les sinistres, les funestes pantins.

Qu'ils s'excusent, oui, ou bien qu'ils s'en aillent, tous.

L'ENFANT ET LA DETTE

Il n'est pas toujours inutile de retourner en enfance.

La digestion de ce qui fut stupéfiant, en l'enfance, et qui est devenu le naturel des jours, préserve le plus clair du temps de l'angoisse.

De l'angoisse des fins, au premier chef.

Digérer cette épouvante de la fin, faire de la téléologie personnelle une compagne discrète, une présence furtive, par exemple, sauve du vertige.

De ce vertige enfantin face à l'absurde, à l'injuste terrassants des fins.

Il n'est pas toujours inutile de retourner en enfance.

Ce retour peut en passer par la formulation de questions nourries de la contestation de ce qui est « à admettre », tout à fait comme en classe de mathématiques.

Je puis refuser que deux et deux fassent quatre. Je puis faire litière de ce qui est à admettre. Je puis revenir à l'état d'enfance où deux pattes et deux pattes ne faisaient point quatre mais un cheval, un chat, la table du salon où tout cela rencontrait l'innombrable, figuré par deux arbres qui en valaient mille, deux traits de crayon qui valaient une île, un parcours, un monde.

Je puis refuser d'*admettre*, rendre l'étrange à son étrangeté. Recouvrer ma stupéfaction.

J'ai oublié cette ère éprouvante de la sidération, m'est-il impossible d'y revenir ?

Peut-être l'heure est-elle venue, au plan politique, le contraste étant devenu objectivement inouï entre la violence diffuse des logiques subies par le gouverné et son acclimatation foncière à cette violence, d'en interroger l'étrange évidence.

De régresser vers une enfance politique renvoyant à son étrangeté l'étrangeté de l'évidence agressive.

L'heure, par exemple, est à la dette.

L'heure est à la notation par des agences, dont la légitimité démocratique est le cadet des soucis, de nations millénaires (la Grèce, l'Italie, ces espaces fondateurs de l'émancipation du sujet de ses objets et du monde, quelle ironie...) à qui des siècles de raison historique ont permis de se doter de pouvoirs légitimes.

L'heure est à la fixation, par des oligarchies bancaires dont la légitimité est fonction d'étonnantes délégations (valant aliénations) reçues des pouvoirs démocratiques élus, d'une valeur de l'argent et particulièrement de l'argent à prêter, de l'argent à rembourser.

L'électeur vote pour un Raskolnikov particulièrement masochiste qui nomme, dignifie, sacre, entretient ses usuriers…

Qui les choisit même parmi les voisins de palier, d'atelier, de classe, de génération, de destin, de ceux qui remboursent.

Il n'est pas convoqué par le politique à changer la donne, il est au mieux convoqué à se voir démocratiquement convié à l'accepter…

Allez comprendre, enfants…

La Grèce meurt de sa dette, elle s'y aliène, elle lui doit de châtier ses fils, de condamner à une subordination terrible les fils de ses fils.

Les Etats-Unis eux-mêmes sont passés près du couperet, les fonctions régaliennes sont aujourd'hui l'appendice de rois à la tête branlante.

Et la hantise du défaut de paiement d'une dette dont la valeur est ostensiblement incontestable à des yeux adultes conduit bien entendu à une souffrance au carré les débiteurs des débiteurs, ceux qui vivent au sud, souvent, et dont la misère n'est pas moins pénible au soleil.

« Argent trop cher ? » s'interroge l'enfant…

Le prix de la dette, pas son coût, son prix, est-il un Réel, a-t-il l'évidence de ce qui est de l'ordre du Réel ?

En va-t-il du prix de la dette comme de la chaleur de l'été, de la fraîcheur de l'hiver, de l'humidité de la mer et de l'aridité des déserts ?

Encore ces Réels-là se peuvent-ils contester, la subjectivité aidant…

En va-t-il du prix de la dette comme de ce dieu cartésien dont l'inexistence est impossible ?

Y a-t-il quelque part une « preuve ontologique » de la valeur de la dette, de son existence même ?

Et, dit l'enfant, s'il n'y avait pas de dette ?

Et, dit l'enfant, si la dette ne valait rien ?

Et, dit l'enfant sage ou l'enfant mûr ou l'enfant déjà fou, si la dette valait moins ?

Et si ce que vous nommez un « état » rencontrait un frère dans l'autre état ? Et si la solidarité des souffrances conduisait à une solidarité de la gouvernance économique légitime se fixant comme seuil une conception révolutionnaire, maximaliste, du désendettement : l'annulation générale, le dédommagement juste, finement relatif, des prêteurs ?

Et si le défaut de paiement général était devenu le geste politique par excellence ?

Et si le politique reprenait barre sur la définition de la valeur de l'argent ?

Et si le politique oeuvrait, la dette refoulée comme un traumatisme, depuis la légitimité des élus réunis, appuyée sur le conseil d'experts structurellement subordonnés, à la mise en congruence générale de la richesse matérielle et humaine des territoires et de la valeur de la monnaie ?

Et si, et si, et si…?

Il n'est pas toujours inutile de retourner en enfance : l'on y rencontre des maîtres à qui la vérité, le règne des évidences, est accessible, et qui tirent d'erreur…

Ils rassurent : « le pire est sûr, deux et deux font quatre, la dette est colossale et vaut quatre mais l'on s'y fait comme l'on se fait à la mort.

Si un doute subsiste en vous, écrivez des poèmes… »

Emmanuel Tugny

POUTINE, LE CIRON, LA BALEINE

Il faut savoir dominer sa peur.
La philosophie l'enseigne, la psychologie l'enjoint, la morale le prescrit, l'intuition le suggère.

Face au pressentiment, face à la conscience du danger, nul engagement d'ordre volontaire n'est concevable qui ne soit le produit d'une domestication de cet abandon douloureux.

La philosophie, la psychologie, la morale, l'intuition fourbissent un nombre vertigineux d'armes pour conduire le sujet à l'évitement de cette faiblesse, mieux, à son utilisation comme outil et condition raisonnée de la fabrique d'une force.

Il y aurait, nous murmurent ces sœurs en direction d'être, trois types d'hommes : celui qui a peur, celui qui n'a plus peur, celui que sa capacité à ne plus avoir peur rend impérial, c'est-à-dire en quelque sorte apte à prévenir la peur en en tarissant les sources humaines et matérielles.

Or, voici qu'advient l'irrédentisme poutinien, voici qu'advient l'incontestable annexion brutale d'un territoire, aux frontières garanties par la communauté internationale, sous prétexte de continuité linguistique, d'agression ethnique, d'inconvenance éthique. Voici que cet irrédentisme se délave et prend le visage d'une campagne d'annexion « pure » au sens de Walter Benjamin, sans objet autre que la volonté d'expansion, que la volonté impériale régressive de son auteur.

Voici qu'une partie de l'Ukraine est russe comme l'Alsace-Lorraine fut allemande, comme le Sudetenland fut allemand, voici que le régime ukrainien issu de Maïdan, fasciste, antisémite, putschiste, corrompu, mérite d'être mis à bas comme le fut celui de Saddam pourtant aussi âprement défendu en son temps que celui de Bachar aujourd'hui.

Voici en somme que la Russie fait ce qu'elle ne peut point ne pas faire.

Et voici que, ce faisant, elle fait peur…

Et voici que, suscitant la peur, elle domine la sienne et « paie pour voir ».

Elle observe chemin faisant ses deux grands rivaux en gendarmerie des affaires mondiales : les États-Unis d'Amérique, leur ruineuse reprise et leur leadership matois, entre proclamation iréniste et irrésolution mortelle, les états concubins d'Europe, leur obsession économique morbide, leurs crises individuelle et conjugale, sur fond de désaccord fondamental entre rapports à la valeur de la monnaie de ses locomotives allemande et franco-méditerranéenne.

Elle observe un arrogant timide, un paisible querelleur.

Elle observe la délégation du dossier de l'autre à l'un et de l'un à l'autre.

Elle observe celui qui s'oublie en s'oubliant dans l'observation de celui qui s'oublie en s'oubliant dans l'observation de celui qui s'oublie.

Le ballet que Poutine observe est celui de l'oubli de soi, de l'aveuglement volontaire à l'envi des démocraties devant leur raison d'être internationale propre. Le garant de la pérennité du monde libre comme *imperium* s'oublie, la communauté européenne fondée, à bon entendeur salut, sur l'éradication de la guerre en Europe, s'oublie de concert.
Ce ballet est celui de l'émulation des peurs, ce ballet est celui indigne, abject, de l'âme rétrocédée à la peur.

Ce ballet est une polka des lâches.

Le ciron y embrasse la baleine, l'expert l'enfant gâté.

Le ciron, cher à Pascal, est au plus près de la marqueterie des choses, il arpente le terrain, le physique, le moral, il nuance, il tempère, il *relativise…*
« *Certes mais, entendu mais* » : n'allons pas trop vite en besogne, le monde est un nuancier de gris ; être fin, c'est être immobile, être sage c'est renoncer à vouloir, connaître c'est s'abstenir.
« *Prudence* », serine-t-il, réalisant le vieux rêve de l'étymologie de voir ce beau mot qui désignait la sagesse désigner aussi la couardise.
« *Prudence* » : certes, Poutine est un ploutocrate, un autocrate, un phallocrate, un homophobe, un xénophobe, un islamophobe, un antisémite avéré (que dire d'autre de celui qui instrumentalise la Shoah aux fins d'extension militaire de son espace vital, de son *Lebensraum* ?), le chef impitoyable d'un aréopage de barbouzes vulgaires et goguenardes qui a violé une frontière à la suite de désordres produits sous la conduite d'un gouvernement pro-russe fantoche mais « *il y a aussi que de son côté l'Ukraine etc.* »

Que l'Ukraine quoi ? Il y a aussi qu'il y a toujours en l'autre de quoi trouver à redire…

Il y a aussi que s'il y a toujours en l'autre de quoi trouver à redire, l'agression de l'autre n'est pas nécessairement contenue dans ce reproche.

Le crime n'est pas « immanent » au reproche à l'autre, dirait le philosophe…

Le ciron, l'expert, millimètre le champ, il le « métrise », il vainc sa peur en démantelant son objet en mille facettes contradictoires : au militant féal des vecteurs, des chemins, des perspectives, des architectures, il tend le miroitement d'un kaléidoscope au désordre hypnotique.

Le ciron ne mourra pas pour Sébastopol, pas davantage pour Kiev : tout ceci n'est-il pas, au fond du fond du fond clair et distinct des choses, un peu trop semblable à Moscou pour que l'on ne s'accommode pas de ces quelques pas de bottes en avant… ? Et Vilnius, et Varsovie, tout ceci ne vous produit-il pas, au fond, de bonnes raisons d'y voir redéfiler le pas si diabolique voisin ?

« *Prudence* » : le gris, le gris, le gris, ni précipitation ni affolement, prudence, regardons-y donc à deux fois, le monde est ainsi fait, nous dit Heidegger, que rien n'y est sans raison, il est ainsi fait, nous a dit Leibniz, que tout y ressemble un peu à tout. « *Prudence* ».

Le moment venu, prétendant le décorer pour ses loyaux services, Poutine écrasera le ciron…

Pour l'heure, il prospère dans l'ombre également prospère de l'éléphant et de la baleine, de l'enfant gâté, doté d'une puissance dont, à force de n'en point prendre conscience, à force de ne pas la défendre, de ne pas l'illustrer, de ne pas récompenser la fortune et l'Histoire de l'en avoir doté en en proclamant les mérites, il vient à bout de la capacité d'affirmation et de résistance.

Face à Poutine (comme en France, au demeurant, face au Front national), le démocrate est un enfant gâté, il est un éléphant, une baleine qui met soi-même son existence en danger par ingratitude en ne faisant pas aussi bruyamment état des conditions de sa puissance que son adversaire.

À quoi bon, en effet, clamer la vertu du fait démocratique, l'intensité révolutionnaire du pacte de paix collective, la portée formidablement frondeuse du goût de l'autre comme ciment du contrat social ? À quoi bon prendre les armes pour ce qui relève du bon sens ? À quoi bon mourir pour dire qu'aimer vaut mieux qu'abhorrer, qu'ouvrir les bras vaut mieux, en terre d'humanité, que distribuer les coups ?

Ceci n'est-il pas de bon sens ?

Ceci vaut-il vraiment qu'on en et qu'on s'en gargarise et rebatte les oreilles ?

La baleine et l'éléphant doivent-ils vanter leur puissance ? N'est-elle pas obvie ?

Doivent-ils vraiment frapper pour imposer leurs vues ?

Qu'on en juge : la placidité de la force n'est pas la garantie de sa perpétuation…

Voulant décorer la baleine, Poutine l'attirera vers la côte…

L'expert tempère au nom de la subtilité abyssale du monde, l'enfant gâté démocratique retient ses coups au nom de l'évidence de son bon droit.

Et l'un et l'autre font de leur peur le motif d'un reniement d'eux-mêmes puisqu'elle aveugle le sage et vassalise le démocrate.
Et l'un et l'autre font de leur peur l'origine de la sérénité de son facteur.

Et l'un et l'autre, par peur, confortent celui qui la cause.

Il faut savoir dominer sa peur.
L'affaire ukrainienne nous enseigne que le plus sûr moyen d'y parvenir, lorsque c'est encore possible, est sans doute d'avoir le courage, individuel ou collectif, de venir implacablement à bout, dût-on être sommaire et arrogant, de ce qui la cause.

Oui, terrorisons le terrible et, pour Sébastopol et pour tous les plus tard, mourons à la peur, mourons à ce redoutable pire de nous-mêmes !

Emmanuel Tugny

MONTEBOURG L'INNOCENT

Il n'est pas certain que la percée d'Arnaud Montebourg corresponde de façon stricte à celle de son programme.

Il n'est pas certain que chacun mesure de façon distincte les enjeux, les mécanismes de ce qui se présente au regard, à l'instinct, comme le produit d'une superbe, entre arrogance et panache, d'une superbe portée par une syntaxe qui, loin de l'offusquer, de se poser comme sa dénégation faussement modeste, la redouble.

Il n'est pas certain que chacun sache de quoi parle au juste Arnaud Montebourg mais quelque chose exsude de cette présence au politique qui en postule, à l'évidence tonitruante, la dignité comme aristocratique.

Arnaud Montebourg, c'est cela, semble-t-il, au regard politique français contemporain : le visage, le costume de la politique comme distinction, du projet politique comme défense et illustration fracassante de la superbe du superbe politique.

Arnaud Montebourg est parvenu à figurer « les superbes » du politique : son orgueil, sa beauté ingambes.

Si l'on ignore au juste de quoi il parle, l'on sent en revanche qu'il en parle depuis un amour fou, depuis une élévation intime du politique, depuis le sentiment qu'il n'est rien de plus olympien, de plus beau, de plus admirable que la pensée, que la critique des affaires publiques.

Il y a incontestablement une gourmandise du politique chez Arnaud Montebourg, une gourmandise presque enfantine et qui, de l'enfance, semble avoir conservé le goût de la vengeance de l'honneur bafoué des pères.

Voilà un enfant gourmand de politique et qui désigne du politique l'honneur en déroute, le désigne avec arrogance, avec fougue, avec enfance.

Cet Olympe aux mains des experts, ce temple envahi par les marchands, il en signale, farouche, la beauté perdue, la voix couverte, la voix éteinte.

Point n'est besoin de physiognomonie, point n'est besoin de spéculer sur l'étonnante correspondance entre le dehors militant et l'animation d'un regard comme retiré de soi-même en Arcadie.

Il y a infiniment d'innocence, les experts l'écrivent, le pensent et le disent, dans la position d'Arnaud Montebourg au champ politique.

Arnaud Montebourg est un innocent.
Quelle que soit son ambition de béjaune, sixième république, démondialisation, capitalisme coopératif, tutelle bancaire, « open government », révolution industrielle verte, elle est de l'ordre de l'aliénation en discours, en programme, d'un refoulé enfantin, elle n'est pas responsable, elle est innocente, elle est aventureuse, elle voyage, elle songe...

Et cependant, elle inquiète...

L'innocent inquiète, il indispose, l'enfant fait turbuler la donne adulte, le terrain expertisé, audité, le système rassis comme les « vieilles terrines » de Rimbaud et qui, s'il bourrelle, n'en demeure pas moins incontesté.

Le Lord enfant questionne et fait suer et choir un sens : « ceci dont vous me dites qu'il est le vrai et le bon, que ne vous est-il pas cause de bonheur ? ».

Le front innocent, l'insolence du « rhéteur de sept ans » tend un miroir au sage et ce miroir désigne à son attention troublée le paradoxe de sa pratique.

Et si le politique, dit l'enfant, consistait à fabriquer le sens d'un mouvement commun dont l'eschatologie serait l'évitement de la souffrance commune et la téléologie son atténuation ?

Et si le politique, dit l'infernal morveux, (si proche, au fond, du Rupert Macabee d'*Un Roi à New-York* de Chaplin) consistait à penser le devenir commun comme une construction relative et ambitieuse de l'esprit visant au meilleur ?

Et si la médiocre résignation, et si la prudence informée, et si l'assomption mélancolique du pire étaient des formes vulgaires du politique qui en embourgeoisaient les hauteurs splendides ?

Et si la politique comme construction détachée d'un bien, d'un vrai métaphysiques, était affaire de songe éveillé partagé, d'adhésion à un désir du meilleur ?

Et si l'horizon du politique n'était point l'accoutumance au redoutable moins pire mais l'obtention du délectable souverain bien ?

Et si le politique était ce qu'il devrait être, et s'il cessait de se satisfaire d'être son propre avatar « séculier » émollié et souffrant ?

Et s'il ne se bornait pas à être la politique et en particulier sa forme contemporaine malade, subordonnée à ce cancer du politique (comme entraînement progressif d'un corps agencé par l'adhésion à autrui) qu'est *apparemment, évidemment, expérience faite*, la subdivision à l'infini du corps social en initiatives singulières, en dynamismes pour soi ?

Et si le politique était « superbe », dans l'exception esthétique et morale du terme, s'il était cette force rendue supérieure par la transcendance du singulier, par son mépris fondamental du sujet persévérant pour soi depuis soi comme organe moteur du bonheur citoyen ?

Et si le politique était un Verbe qui enchante pour tous ?

Et si le politique était un logos enchanté qui, loin de se corrompre au contact de ses formes, en faisait litière pour en soustraire d'autres au néant quand elles seraient devenues la terne possession, la faiblarde propriété du « monde tel qu'il va » et de ses partitions vaines...

Il n'est pas certain que la percée d'Arnaud Montebourg corresponde de façon stricte à la percée de son programme. Mais il est certain qu'elle est la conséquence d'un bel appel du corps électoral à une résurgence, à une reverdie du politique comme « architecture d'un rêve pour tous ».

Emmanuel Tugny

LA MODE DURE

« Tout a changé en Bretagne, sauf la mer, qui change toujours »[7].

Cette phrase magnifique de Chateaubriand dit tout de la mode, à mes yeux.

La mode n'est nullement, comme on l'entend trop souvent dire, ce qui passe, ce qui survole, éphémère et léger, ce qui durerait au monde, ce qui y persisterait, y résisterait, ce qui y serait profondément ancré.

Elle n'est que superficiellement superficielle. De saison en saison, elle n'efface pas ses traces, elle ne se renie pas, elle ne se contredit pas, elle ne se contrarie pas, pas vraiment. Pas essentiellement. Ses métamorphoses sont les métamorphoses d'une essence immuable.

Sous la volatilité d'un parfum, sous le passage volage d'une soie, quelque chose dure, une forme de relation au monde.

Une forme de relation fondée sur le goût de l'appréhension pure du bonheur d'être au monde.

La mode ne change pas puisqu'elle change toujours.

Elle est le produit d'une initiation, d'une patience artisanale, d'une constance de la sensation, d'une Histoire des techniques, de la permanence de la quête des conditions d'un bonheur d'être au monde.

---

[7] Tirée de *Vie de Rancé*, 1844.

La mode est une affaire sérieuse et c'est toujours la même affaire.

Saisons, maisons et créateurs se succèdent. Tout semble y mourir et y renaître, y renaître et y mourir.

Or, tout y dure : la mode n'est qu'une chose et elle l'est profondément, constamment, obstinément, toujours et pour toujours.

Elle est la traduction en formes successives de la folle aspiration à saisir le bonheur au monde, à vivre le bonheur du monde, à vivre heureux le bonheur du monde, à être heureux au monde, du monde, dans un état de renoncement à l'entendement, à vivre heureux en le monde sans en quêter la nature, sans en interroger causalités et dimensions, sans scrupule critique, dans la sensation pure et le sentiment que le salut est peut-être aussi, est peut-être surtout, est peut-être exclusivement, pour ici et maintenant.

La mode n'est pas frivole, elle n'est pas fille du caprice et de l'insensé. Elle est au contraire le résultat profondément transgressif du dialogue entre la profondeur d'un savoir technique et la profondeur d'une aspiration continue de l'être à se livrer tout entier à son bonheur d'être au monde, et au bonheur du monde de le recevoir, en un mot, d'une aspiration continue de l'être à être une part du « bonheur du monde ».

Emmanuel Tugny

DEPRESSIVE, LA FILLE FRANCE ?

Dépressive, la fille France ? Voire…

Il faudrait, pour qu'on pût l'attester, qu'elle se montrât sujette à l'inertie, à l'aboulie, à une passion de l'indifférence et de l'immobilité, à une coupable ataraxie.

Dépressive, mélancolique même, elle ne trancherait pas, elle ne se lèverait pas, elle ne formulerait pas massivement cette opinion qui, quelque noire qu'elle soit, n'en demeure pas moins une sorte d'enthousiasme à l'envers.

Dépressive, la fille France qui arpente le pavé, expectore sa défiance, dit clairement son fait, trompe la censure comme on trompe la mort pour désigner le corps de son malaise, autrui, faisant feu de tout bois pour signaler l'inopportunité d'une présence et de tout ce qui contribue –c'est le moment de le dire- à ce que cette présence lui soit imposée comme sienne ?

À la redoutable et fort alerte fille France, celle pour qui autrui est une gêne insolemment affichée, comment demander de nourrir davantage un « pot commun » fiscal ? Comment demander d'accepter « l'oukase européiste » en matière économique ? Comment demander d'accepter sans regimber que l'autre sexuel soit élevé au rang de même par la loi ?

L'on peut tenir la main du dépressif afin qu'il signe un chèque, la main de la fille France, elle, sait encore gifler.

Dépressive, la fille France ? Elle n'a pourtant retenu de l'exercice par François Hollande du pouvoir que ce dans quoi nul dépressif ne saurait « se retrouver » : l'intervention au Mali.

Elle n'est pas dépressive, la fille France, elle est aigrie, elle est méchante, elle est l'abandonnée qui s'abandonne. Elle fut fondatrice de valeurs : impérialisme immatériel de la culture, des formes et des idées, troisième voie géopolitique, tempérance organique entre faits tyrannique et libertaire, république forte et puis voilà qu'elle est veuve de soi, que son double errant rayonnant l'a quittée, qu'elle n'est plus que ce qu'elle est, le bon souvenir et la mauvaise conscience d'un monde en marche sinon vers le pire, du moins vers « son » pire, à la fille France, un monde où l'engagement du corps à prospérer sur le mode maniériste à travers le culte de ses valeurs ajoutées a de façon décisive pris le pas sur l'engagement critique du corps, sur son engagement à se penser pour être au monde.

Elle est aigrie, elle est méchante, la fille France, parce qu'on l'a abandonnée et qu'on ne lui rend pas compte de cet abandon, qu'elle ne saurait le comprendre, l'entendre, puisque son essence est de ne pas donner prise en soi à ces valeurs qui sont cause du divorce dont elle pâtit.

Alors elle pique, elle pique comme l'abeille qui se meurt de piquer mais elle pique : elle déteste, elle méprise, elle flétrit.

Son rire est un rire mauvais, elle goûte d'ailleurs que ses comiques soient mauvais, elle goûte celui qui, au champ public, peut faire la preuve que quelque chose le dégoûte. Elle aime qu'on n'aime pas, elle s'identifie à celui qui identifie l'objet de son rejet. Elle demande à son interlocuteur de lui être sympathique en affirmant une antipathie. Elle n'aime point, elle veut qu'on n'aime point. Elle en a terminé avec l'adhésion à autrui, ou plus exactement, elle ne la concède qu'à celui, d'autrui, qui en refuse les premiers principes.

Au reste, les « danseuses » narcissiques que nourrissent les applaudissements de l'aigre parterre circassien l'ont compris : show-men, on l'a dit, mais aussi intellectuels, éditorialistes, footballeurs, tous dévalent benoîtement cette pente (paradoxalement hyper politiquement correcte) sur le siège, qui font commerce de la détestation de l'autre et se posent eux-mêmes en objets de détestation.

Elle votera, elle s'enflammera, dans les mois qui viennent, Mademoiselle France, cela ne fait guère de doute, elle ne demeurera pas confinée au silence épouvanté du dépressif. Mais elle ne s'enflammera plus pour un projet fusionnel, solidaire, pour la définition d'une téléologie du « vivre ensemble », pour l'examen prospectif des conditions d'établissement d'une cité intégrant et dépassant généreusement son hybridité.
Elle sera animée d'une flamme méchante et elle soutiendra avec un feu exsudant la suie celui qui dira l'abjection de ce rêve cependant si éminemment français.

La France est une délaissée méchante. Elle veut en vouloir. Elle aime désaimer. Elle juge que son jugement doit être à charge. Elle n'aime plus son rêve : elle abhorre celui d'autrui.

Elle a, comme on dit, de l'énergie à revendre, mais cette énergie n'est plus employée à embrasser mais à se refuser.

Il faut bien de la patience à celui qui aime en paix pour dire à celui qui déteste ardemment combien la question est qu'il s'aime.

Et si le projet principal d'un gouvernement de la République ne consistait pas tant à préserver l'unité du pays qu'à lui rappeler patiemment, obstinément, combien, y compris à ses propres yeux, il fut un jour superbement aimable ?

Emmanuel Tugny

SEGOLENE A CONTRE-SENS

Face à l'organisation toute masochiste par la politique de la subordination du politique qui marque l'époque, la question du positionnement « campaniliste » de chacun, de l'angle partisan depuis lequel s'observe le clocher est devenue, on le sent, terriblement secondaire.

Ils sont nombreux les événements contemporains qui contribuent à nourrir l'angoisse aigüe ou ténébreuse de l'électeur, à quelque bord qu'il ressortisse. Leur variété obère le jugement, contraint l'imaginaire, alentit l'initiative.

Il peut sembler au sujet citoyen qu'à la complexité douloureuse de la manifestation de son temps le remède échappe au « pauvre en esprit », à celui qui n'est point expert, à celui, en somme qui, comme l'idiot grec, « pense simple ».

Guerres en cours, crises économique, monétaire, sociale, morale, sociétale, écologique, recomposition de la carte géostratégique, tout ceci fait sens à soi seul, tout ceci fait sens et fait arborescence, tout ceci semble constituer une marqueterie dont la conception claire et distincte est inaccessible.

Tout est fait pour le rappeler au citoyen : l'omniprésence médiatique des experts, l'usage par lesdits d'une langue « instrumentale » dont le lexique ésotérique est devenu une sorte « d'inquiétante étrangeté », la répartition stricte des savoirs qui rend la complexité du monde agressive, la réactivité pure des élus qui les emprisonne dans une façon de situationnisme, de « cubisme analytique » de gouvernance, en somme d'inféodation absolue à l'événement, la tentation digressive du compte-rendu médiatique qui, ne pouvant rapetasser le manteau d'Arlequin d'une époque erratique, en venir rabouter les pièces, proposer la synthèse à la fois apaisante et stimulante à qui ne comprend plus dans quelle argile est modelé son espace-temps, propose non plus des sens mais des parenthèses anxiolytiques à un entendement en déroute : tel scandale financier, sexuel, telle querelle de têtes ou de masques, de « personnes »...

Des Politiques en proie au réflexe, des experts borgnes au pays des aveugles stupéfiés, des commentateurs digressifs, des citoyens abasourdis par une profusion sans ordre et qui bourrelle, voici ce que rencontrerait le Micromégas de Voltaire, venu de l'étoile Sirius en villégiature près notre « village-monde »...

Or, il en va, à « penser simple », de la variété des phénomènes d'ordre humain comme de celle d'un paysage. Qu'on en invente la cohérence, qu'on en conçoive la disposition, qu'on cesse d'en être l'esclave ou la dupe par subordination du regard à ses miroitements, qu'on en fasse l'architecture d'un lieu, le rythme d'un temps, qu'on l'ignore suffisamment pour en construire, dans l'assomption de l'arbitraire de cette construction, la signification, le sens, la portée, qu'on fasse œuvre, pour tout dire, d'*interprétation* à plein titre du monde et voilà que le monde est monde et, plus autant qu'avant la distraction nécessaire à son interprétation, une disparate de phénomènes.

A celui qui observe, entend, réagit et qui relate la complexité du paysage doit s'opposer avec force celui qui invente, conçoit, celui qui *voit*.
Au biologiste doit s'opposer le peintre, au champ humain.

Au rapport, le poème.

A l'expertise, le politique...

L'époque meurt d'angoisse face au multiple. Elle s'est convaincue que ce qui relevait de la « part commune » était entrave à la liberté du sujet de persévérer dans son être (Spinoza), que le sens commun donné était contradiction fâcheuse au sens individuel expérimenté : elle fait, en guise d'expérience, celle affreusement douloureuse de ce que la réduction de la construction du sens d'une vie à son développement singulier, loin d'être un salut, est accès à une façon d'obscur célibat, de solitude aveugle...

C'est, semble-t-il à une réhabilitation de ce qui est commun aux choses, aux êtres, de ce qui au monde est *un* qu'il convient d'œuvrer non pas tant par souci philosophique ou moral que par souci thérapeutique : le moment semble venu de soigner par la synthèse, l'entendement qui assemble, la pensée qui rassemble, le projet qui agrège et fédère.
Le temps de la compréhension du singulier a peut-être eu lieu, peut-être s'agit-il qu'il fasse place à celui de la réinvention du commun.

Le temps de l'examen timide par la politique des paramètres de son exercice possible doit peut-être faire place à celui de l'imposition par la politique de son empire inventif, de sa vision, fût-elle fondée sur l'arbitraire d'un « rêve de monde ».

Le temps est peut-être venu pour la politique de reprendre le chemin du politique.

Les élections présidentielles françaises de 2012 verront s'affronter, on l'espère, des conceptions, des inventions, des intentions d'emprise, de droite et de gauche.

L'instauration de primaires au sein du parti socialiste était sans doute un signe méthodologique donné à l'électeur, fût-il ponctuel, de restauration d'un souci de la mise en commun, de l'abandon de la soumission radicale au tropisme individuel du candidat au cœur de la donne politique.

Quel que fût l'angle partisan depuis lequel on observait le clocher, l'on ne pouvait que se féliciter de ce qui relevait pour le coup éminemment du politique...

Ceci était bon, allait dans le sens de la recherche d'un remède à l'angoisse de celui qu'opprime partout la présence du multiple et l'absence du commun.

Et Ségolène Royal fut, daubant sans frein ni raison sur ses concurrents[8], Ségolène Royal dont on ne saurait dès lors imaginer un seul instant qu'elle puisse jamais porter remède aux maux d'un temps malade de détailler ses solitudes...

---

[8] Dont on s'étonnerait presque (et se réjouit) qu'ils ne réclament point son éviction de la primaire et, pourquoi pas, du Parti socialiste

RENTREE DES CLASSES XXIEME SIECLE : UNE EDUCATION, TROIS MONDES

Cohabitent, au monde de l'éducation, trois mondes, dont s'étiole, au fil des exercices gouvernementaux et au détriment massif des positions françaises, le dialogue.

Le monde enseignant, le monde de l'enseignant, le monde de l'enseignement.

Le premier ressortit au champ des fonctions. Il est celui où le savoir et la pratique critique de sa transmission réifient, au profit du ministère, du métier (du *ministerium*), de la participation à la structure, le corps, la voix, la conscience de soi, d'autrui, du monde et des formes, du professeur, de celui à qui la structure confie le rôle de praticien, c'est-à-dire de maître relatif du devenir d'un corpus, d'un fonds de contenus et de méthodes hérités de la cité et de son désir de reproduction progressive.

Le monde enseignant est un monde où règne la *coercition* : coercition exercée par le savoir acquis, par le savoir acquis pour être transmis, par les conditions dramaturgiques de cette transmission, par les évolutions de la scène, du public, de la régie, de la direction sous l'égide desquels opère cette dramaturgie.

L'assomption de cette coercition par celui qui est devenu fonction est déterminée par trois facteurs dominants principaux : *la reproduction, le don, la récompense.*

Ces trois facteurs conditionnent l'admission de la coercition par un « corps des enseignants » pour l'essentiel constitué de ceux qui ont le plus brillamment bénéficié, à l'école, de l'héritage d'une activité fondée sur la coercition librement acceptée par leurs enseignants au nom de la reproduction, du don, de la récompense.

Leurs enseignants eux-mêmes constituaient un corps enseignant pour l'essentiel constitué de ceux qui, etc.

En un mot, les enseignants furent pour la plupart de bons élèves.

Ils adhèrent d'autant plus librement à une coercition, à l'assujettissement à une fonction, qu'ils en ont tiré un heureux bénéfice. Ils adhèrent aussi aux causalités de l'acceptation par leurs « anciens » de cette coercition : reproduction, don, récompense.

Le monde enseignant est soumis à l'ordre fonctionnel, son oxygène est la coercition, la contention, son organisme le respire parce qu'il reproduit, parce qu'il fait don, parce qu'il est récompensé.

Le monde de l'enseignant est celui, infrastructurel, du corps, de l'esprit, de l'inconscient, de l'âme, de la conscience, des vues du sujet qui « entre en métier », de celui qui fonctionne ou qui « fait fonction ».

Il n'entre dans un dialogue heureux avec le mode coercitif qu'en tant qu'il accueille ses trois tropismes constitutifs : le goût de la reproduction, le goût du don, le goût de la récompense.

Que ce goût ne trouve plus d'écho en la fonction et l'acceptation de la coercition se délite. Certes, elle se délite sous une forme qui emprunte à la coercition et à ses causalités, c'est à dire sous une forme timide, académique, soucieuse des intérêts des têtes blondes, craintive face au bâton, à la règle.

Elle se délite sur le mode dépressif, en creux : elle se *consume*…

Le monde de l'enseignement est le lieu où opère le dialogue entre les deux mondes précédents, il est la parole superstructurelle, infiniment poreuse à son temps, qui établit, dans un dialogue comme « d'outremer » (le monde de l'enseignement sait ce qui est au-delà de « ses terres », il est poreux et sa porosité est supposé le rendre sage) avec eux, les conditions du dialogue des deux autres mondes : celui du corps de l'enseignant, celui du corps enseignant.

C'est à lui que revient de maintenir l'équilibre entre la coercition et les valeurs qui autorisent son admission.

Entre ces trois mondes, le dialogue est en voie de se rompre.

Le monde de l'enseignant ne reproduit plus. Certes l'enseignant transmet un savoir mais ce savoir n'est plus tant de l'ordre de la reproduction que de l'ordre de la régression. Il n'enseigne point ce qu'il a appris, il enseigne une modulation régressive de ce qu'il a appris.

La « causalité reproduction » est atteinte.

Le monde de l'enseignant ne donne plus. Plus exactement, ce qu'il donne, il sait qu'il est réduction de ce qu'il pourrait donner. Pire, cette concession faite au principe du don, il en constate les dégâts intellectuels et sociaux. Ses élèves en savent moins. Ils vivent moins bien que l'élève qu'il fut, ils ne savent plus au juste depuis quelle logique ils vivent moins bien et la régression du don de l'enseignant, l'enseignant sent bien qu'elle n'y est pas pour rien.

La « causalité don » est atteinte.

Le monde de l'enseignant n'est plus récompensé. Tout le dit : salaires et évolutions de salaires justement vécues comme autant de gifles administrées, gifles face aux exigences de la vie pratique, gifles face à celles de la vie intellectuelle (c'est cher, un livre, un abonnement, un voyage d'étude, une formation continue...), désintérêt massif de l'époque pour la longueur de temps conceptuelle et critique, pour les processus à faible valeur ajoutée immédiatement monétaire, démonétisation de l'autorité des concours par la multiplication des filières-bis d'accès au « monde enseignant », démonétisation de la magistrature enseignante par excès d'engagement du monde de l'enseignement dans la voie de l'association aux pédagogies de ceux qui, au fond, n'y entendent rien (parents, autorités annexes), prescription dogmatique de la conduite « de proximité » et donc politiquement relative et partiale de la vie de l'enseignant (renforcement de l'autorité des chefs d'établissement), démonétisation du caractère régalien de la présence de la voix et du corps du professeur liée à l'acceptation globale par le monde de l'enseignement, jaloux de sa porosité, redoutant, bonne fille, ces sanctuarisations qui renverraient l'outremer du scolaire à ses responsabilités propres, d'une logique d'intervention de la brutalité, produite par la frustration sociale au demeurant entretenue par la « reproduction régressive » du savoir, dans la vie de la classe.

La "causalité récompense" est atteinte.

Le monde de l'enseignement a déséquilibré et rendu douloureux, depuis une porosité qui est sa plaie léchée, le dialogue entre monde enseignant et monde de l'enseignant, entre corps enseignant et corps de l'enseignant.

Ce dialogue se meurt. Il se meurt comme en douce (les généreux reproducteurs en mal de récompense ne sont guère pétroleurs), mais il se meurt.

Nul, au profond, ne désire cette mort.

Elle mettrait tout bonnement fin, sinon à l'Histoire de notre pays, du moins à ce qui la qualifie le plus aux yeux du monde et, sachons en convenir, à nos propres yeux.

Elle disposerait la cité France à vivre le pire : *une coercition sans maîtres…*

Emmanuel Tugny

LE VRAI CRIME DE WIKILEAKS

Dans son superbe roman de 1960, *A Vaca de nariz sutil* (*La Vache au nez subtil*) (1), l'écrivain brésilien Walter Campos de Carvalho décrit la vie d'un ancien combattant dont le plaisir ultime est d'espionner ses contemporains à travers la serrure de la porte de leur chambre. Il suggère que le sens d'une vie débarrassée de ses ambitions vaines tient peut-être dans les entrebâillements qui ouvrent sur des secrets. Que l'essence d'une vie est peut-être de courir après un secret qui la fuit sans tout à fait se refuser

Furet du bois joli.

La différence entre vie et mort consiste peut-être en un désir à quoi le secret se soumet et dans le même temps pas. La vie ne vaut peut-être que comme recherche, désir de la recherche d'un objet entrevu et inatteignable, comme cette jolie femme qui passe devant le regard du buveur immobile et qui est la vie même parce qu'elle s'offre et se refuse dans ce geste soudain généreux du passage.

La vie, à la racine, semble nous dire Campos de Carvalho avec Jacques Lacan, est désir et désir du désir, le désir a pour fondement le secret. Il n'est point de dieu qui ne soit caché (*Deus est asconditur*, écrivait Pascal), point de Graal qui ne soit hors de portée, point d'amour qui ne soit amour d'une part inaccessible d'autrui. La vie repose sur le mouvement vers un secret. Elle est expérience de la reconnaissance d'un mystère, de la reconnaissance et du mystère, de la dialectique de la prise et de l'échappement. L'objet auquel le désir accède n'est source de vie que si quelque chose en lui regimbe à être atteint, tenu. La vie est recherche d'une passante, d'un horizon, et entretien du passage et de l'horizon. Forme vie en soi, fonde vie ce qui, se donnant, s'enfuit, ce qui s'enfuit se donnant.

La vraie vie est dans ce mouvement étrange et beau de l'œil accédant et n'accédant pas à la vérité cernée par le trou de la serrure, encadrée par les limites du tableau, refusée par l'allure de la marche de la belle passante ou la stature considérable d'un mari jaloux, traduite en signes par la pièce musicale, le roman ou le poème.

Le vrai crime de WikiLeaks, qui a tiré du secret des documents appartenant aux archives diplomatiques américaines, est peut-être surtout celui d'avoir fait progresser encore vers l'affreux silence de son caveau une époque que son aspiration à la transparence, à la levée du secret, conduit à s'amputer de ce désir jamais assouvi qui est peut-être, bien plus que la vie, *l'âme même*.

- 135 -

POUR UNE CANDIDATURE STRAUSS-KAHN

Dominique Strauss-Kahn, nous dit-on, est sur le point d'être libéré.

L'affaire qui le regarde a consacré de façon à la fois éclatante et consternante l'emprise absolue du devenir individuel sur le devenir politique caractéristique du contemporain.

Le vouloir-être individuel, l'abandon de l'espérance collective au profit d'une fixation des énergies sur la réalisation d'un désir de possession individuelle du contexte, matérialisé ou non par l'obsession de l'intérêt comme valeur « détachée » du gain lié à l'activité collective de production, par l'obsession de la conquête réduite à son étiage égotique ou perversement narcissique, voilà ce qui faisait le temps politique, voilà, plus exactement, ce qui faisait un temps politique disruptif, suicidaire, un temps politique de mise à mort du politique.

Un temps politique saturnien ou, qui sait, tout bonnement idiot.

Foin du FMI, des élections présidentielles françaises, foin de la trajectoire d'un homme dont l'on ne saurait nier qu'il a illustré en France, ces vingt dernières années, une certaine idée du devenir socialiste, qu'avec cette idée l'on se trouve en accord ou pas.

Depuis le 14 mai, une façon de dernière touche était mise au tableau de la déréliction de l'être politique, de sa substance en l'être, de sa nature de conception par l'entreprise collective des conditions d'un salut collectif obligeant le salut individuel.

La social-démocratie européenne, le Fonds monétaire international, le Parti socialiste français, les élections présidentielles, tout ceci faisait une belle jambe à un forum en débandade.

Et bien entendu, tout ceci offusquait, le temps nécessaire à la contemplation béate et cathartique de la corruption de l'exemplaire autrui, du bouc projeté au désert, l'ensemble de l'actualité internationale, de sorte que la plastique fantasmée d'une esclave et la libido exécrée d'un maître répondaient, aux côtés des aléas de la réalisation malade du profit boursier, du monde comme espace de définition d'une humanité.

Elle fut pénible, l'affaire Strauss-Kahn, elle le fut au premier chef pour l'innocent, pour l'innocente, qu'en saurons-nous ?

Mais elle fut pénible, aussi, l'individu dépassé, pour ceux qui croient, en ce temps, en la nécessité résolue d'affirmation du primat de la conception politique, de la conception d'une

Cité à venir sur la sympathie, l'empathie, l'affect, la commisération ou l'admiration personnelle.

Dominique Strauss-Kahn, nous dit-on, est sur le point d'être libéré.

Si cela est juste, cela est bel et bon.

Mais ce qui intéresse celui qui tient le politique pour le dépassement dialectique des conatus individuels, des cheminements vers un salut solipsiste, que ce salut entraîne ou non l'émulation (la preuve du contraire semble aujourd'hui apportée, entre brutalité des uns et dépression des autres), ce qui intéresse celui qu'a navré, d'une part, l'étrange et objective complicité de ces derniers mois entre la vacuité programmatique, l'absence de tout bouquet d'une vision ambitieuse et synthétique du devenir sociétal offerte aux électeurs, et d'autre part la jouissance de la mort impériale du politique mesurée à l'occasion de l'affaire du Sofitel et de la petite mort de son hôte, c'est une libération d'ordre symbolique.

Vacuité politique des postulants au trône branlant, occasion morbide donnée à ceux qui en jouissent de frapper, voici ménagée, sous couvert de liberté de l'information, de prise en compte générale et censément irréfragable de la primauté absolue du destin individuel en un temps affranchi du poids censément irréfragable du despotisme idéologique, l'incarcération véritable du sujet politique.

Le voici convié à se choisir lui-même comme son guide, de programme en programme.

A s'observer lui-même en violeur, aussi, en victime d'injustice, en femme de chambre violentée, en femme de chambre sournoise…

Ce que possiblement l'on a libéré, en libérant Dominique Strauss-Kahn après une période "couverte" par un bégaiement nauséabond de l'information, et à ce moment précis de l'actualité, ce moment puissamment symptomatique, opportun, sans doute, à l'avènement du meilleur, ce k*airos*, en un mot, c'est *l'exigence de politique.*

Voici peut-être venu le temps où, ses dents baignant dans la réduction à la chronique méphitique de ce qui fut la vie politique, ployant sous le boisseau d'un malheur généré par la libération sans frein de l'initiative du sujet affranchi du souci d'autrui, séduit au spectacle des soubresauts du monde arabe, par l'idée que des luttes solidaires puissent du malheur venir à bout, l'électeur en appelle de nouveau à l'ambition de chacun pour tous.

A cet égard, comment ne pas souhaiter, que l'on se positionne à droite ou à gauche, que Dominique Strauss-Kahn mette un point final à ce qui fut, au plan symbolique, une période de terrible subordination, d'humiliation, du politique, en présentant à la primaire socialiste d'octobre un programme manifestant avec panache la nécessité radicale, au champ politique, de la souveraineté du politique ?

Emmanuel Tugny

QUE VAUT LA DETTE ?

Que vaut la dette ?

De ce qui est cause de souffrance en soi, l'on peut à bon droit interroger la gravité. La mesure du mal par l'idéation en fait une sorte de création propre, quelque chose qui, au-delà de la dualité en soi-pour soi, est un « à soi ». Si je connais ce dont je souffre, ce dont je souffre se déleste de ce poids de l'étrangeté, de l'adventice, de la sauvagerie qui en fait l'adversité *pure*.

Me voici en mesure, mesurant, de traiter de façon fraternelle avec ce qui, s'il m'accable, est aussi en moi un objet de connaissance, c'est-à-dire une propriété, c'est-à-dire en moi mon produit.

La souffrance phénoménologique n'est pas l'égale de la souffrance subie du dehors.

Elle en est comme le double domestique, l'hypocoristique.

Que vaut la dette ?

A mesure que s'affole sous nos yeux la compagnie perversement soudée des prêteurs et des débiteurs taraude cette question béjaune.

Cette dette dont je souffre, que vaut-elle, quel est son poids, à quelle aune se mesure-t-il ?

De quel poids souffre l'endetté ?

Quelle est la taille de la tuméfaction que forme et fourbit en lui le prêteur ?

Ce qui obère a-t-il une mesure ?

Si oui, qui en rend compte ? La mesure de la dette est-elle partagée ? La valeur qui définit la mesure de la dette a-t-elle valeur absolue ? Dans le cas contraire, que vaut la dette qui fasse sinon consensus, harmonie ?

La solvabilité se définit-elle au monde comme la capacité à adhérer et à se soumettre à une valeur dont la mesure est tacite ? Ne peut-elle se définir comme la capacité de rembourser ce monde qui « prête vie » en comblant son déficit de signification ? Y a-t-il des dettes « sublimes »? Celui qui dit « que vaut la dette ? », celui-là n'est-il pas le toujours, le souverain solvable en tant qu'il convie à la subordination de l'ordre humain à l'homme, en tant qu'il fait de l'homme la mesure de toute dette ? Quelle est la valeur de la dette monétaire relativement à cette dette « distinguée » ?

Que vaut la dette qui n'est point recours à l'homme ? Que vaut la dette quand elle gagne cet étrange état de célibat, quand elle est à elle-même sa propre fin, quand elle est réductible à « l'intérêt de la dette » ?

Que vaut la dette dont l'intérêt est la dette ? Que vaut le remède qui assassine ? Que vaut le remède qui assassine quand sa prise n'est pas imposée par une nécessité intime d'en terminer ? Que vaut la dette qui n'est plus recours si la contracter n'émane pas d'un désir intime de sujétion de l'emprunteur et de son prêteur ? De leur difficulté à s'inventer plus avant hors de la sujétion ? De leur angoisse de s'inventer hors de la sujétion à l'objet ? De leur angoisse d'être sujets pleinement depuis l'asservissement de leurs objets ? De se libérer de ce qui est « présence du sujet dans le temps » et qui signifie le confinement au temps ? D'être présent au temps du sujet, ce temps dont le trait permanent, faisant leçon, est l'impermanence des objets conçus face à la permanence du sujet concepteur ?

Que vaut la dette si l'hypothèse de son annulation est en l'idée ? Que vaut la dette si sa négation est un objet de pensée ?

Que vaut la dette en un temps ayant raboté le règne des évidences au point de nier le temps et l'espace comme distincts, l'histoire comme fatale, dieu comme éternité ? Que vaudrait la dette en un temps qui ne vivrait pas dans l'appréhension de ces constats mais dans la jouissance de leur avènement comme condition première d'une réinvention du monde ? Que vaut la dette pour celui qui, ne redoutant pas d'être libre, ne s'endette qu'au profit de cet « être libre » ? Que vaut la dette qui n'est point sujétion à la dette ? Quel espace entre « pas un clou » et « tout l'or du monde » ?

Que vaut la dette à son créditeur de celui qui ne rembourse point ? Que vaut une dette qui ne vaut plus rien ? Quelles conséquences à l'affranchissement général ? Quelle est la valeur du dédommagement du prêteur ? Définit-elle une valeur de la dette ?

Que vaut la dette ?

En soi, dans le temps, entend-on.

L'épistémologie appliquée à la débandade systémique actuelle, la critique de l'économie de l'endettement saura-t-elle faire de l'endettement un objet de connaissance ? L'endetté saura-t-il de ce dont il souffre qu'il est en lui objet de connaissance, le prêteur saura-t-il reconnaître en autrui la circonscription de son objet ?

Que vaut la dette ?

Quel est le poids dans le temps de ma souffrance ?

Le temps du poids de ma souffrance est-il sans temps ?

Où s'origine et s'achève le temps de ma souffrance ?

Ce lieu est-il du temps ?

Ce temps est-il mien ?

Le temps de ce lieu est-il de mon temps ?

Que vaut la dette ? Quel est son degré de puissance, son « mana », son « wald » étymologique ?

En quoi s'origine-t-il sinon en celui qui est de cette puissance le patient ?

En quoi s'origine-t-il sinon en la perversité de celui qui est en puissance un patient ?

Dont la puissance est le désir d'impuissance ?

Que vaut la dette ?

Ad libitum…

Deux sages au désert, l'un de l'autre le fou.

Leur apparaît soudain le mirage d'une oasis.

L'un des deux court au mirage et meurt d'épuisement.

L'autre s'assied, s'interroge : « que vaut cette oasis ? » et meurt d'insolation.

Du second sage, quels enfants sauront poser aux enfants du premier, la poser de sorte qu'ils y répondent, cette question : « que vaut la dette ? »

L'on pose ici que des enfants, ils auront, perdus pour perdus, été les plus libres.

LA REACTION VAINCRA

Prétendre que les candidats déclarés ou possibles à l'élection présidentielle 2012 qui ressortissent au camp des "partis de gouvernement" ont des approches analogues de la donne politiquement maniable, du matériau à travailler une fois la victoire remportée, c'est assurément faire fausse route.

Il y a bien en Pays de France une gauche et une droite de gouvernement.

Il y a en Pays de France une gauche de gouvernement dont le projet consiste au fond en une tentative d'atténuation de logiques mondialisées en proie au règne démocratiquement admis d'un individu ploutocratique, saisi d'une névrose commune de définition par le gain propre, d'un individu en repli sur soi que définit, protège (et en quelque sorte nomme et qualifie) non seulement la valeur ajoutée qu'il dégage pour soi, son « gagner plus », mais encore, au second degré, ou en-deçà, la valeur de cette valeur, c'est-à-dire le prix de la masse financière générée pour soi.

« Je suis ce que je gagne », dit l'époque. Je suis aussi le prix du prix du prix de ce que je gagne.

Je suis *l'intérêt* de ce que je gagne.
Le projet de la gauche de gouvernement consiste fondamentalement à actionner une pédale de frein doux. Il consiste à promouvoir l'idée selon laquelle les logiques collectives sont également possiblement qualifiantes, l'idée

selon laquelle il « fut un temps où ». Un temps où le retour du dynamisme individuel sur la Cité la conduisait tout entière vers une croissance « juste » au sens où « juste » signifie « identique pour tous ».

La gauche de gouvernement est en réaction.

Elle ne pense pas hors de la maladie du temps, elle ne s'en affranchit pas, ne fût-ce qu'en pensée. Elle ne prétend pas repenser la Cité, elle prétend émollier son solipsisme, la rendre plus dialectique, lui remettre en mémoire un « temps où », la conduire à se définir contradictoirement pour être moins brutale, moins tyrannique, moins infantile, moins au-delà du bien et du mal, moins assujettie à une logique dogmatique de vouloir-vivre ou du « vouloir-se-vivre comme intérêt ».

La gauche de gouvernement est en réaction.

Elle ne refondera pas, elle ne fondera point. Elle constate un malheur et à bon droit le souhaite moindre.

Elle a consenti à ce que le malheur fût un « Réel », elle a au malheur la relation du sujet au Réel. Elle y réagit. Elle n'a pas l'outrecuidance de regarder l'idée, la réalité qui en sourd, où le Réel « a lieu ».

Elle est en réaction.

Elle ne construit pas, elle *réagit*.
Il y a aussi en Pays de France une droite de gouvernement dont le projet consiste à la racine en une tentative épuisante de conservation de logiques mondialisées en proie au règne démocratiquement admis d'un individu ploutocratique, saisi d'une névrose commune, etc.

Le projet de la droite de gouvernement consiste à définir aux forceps les conditions de pérennité d'un système dont le caractère irréfragable de facteur du bonheur collectif tend pourtant à prendre un terrible plomb dans l'aile. Il consiste à suer sang et eau pour convaincre que les logiques collectives sont secondes et produites par la croissance radicale de l'individu-intérêt, l'idée selon laquelle il « sera un temps où ». Un temps où le dynamisme individuel au sein de la Cité la conduira tout entière vers une croissance « juste » au sens où « juste » signifie « congruente à l'effort singulier produit ».

La droite de gouvernement est en réaction.

Elle ne pense pas la maladie du temps comme telle, elle ne s'en affranchit donc pas. Elle formule l'hypothèse de la fièvre salutaire. Elle ne prétend pas repenser la Cité, elle prétend penser les conditions contemporaines de prospérité de son solipsisme, lui désigner la belle téléologie du « temps où », la conduire à tenir bon la barre d'une logique eudémologique de vouloir-vivre ou du « vouloir-se vivre comme intérêt » dont la fin est un bonheur partagé.

La droite de gouvernement est en réaction.

Elle ne refondera pas, elle ne fondera point. Elle constate un malheur et à bon droit le souhaite temporaire et le tient presque pour un moindre mal.

Elle a fait du malheur un « Réel », elle a au malheur la relation du sujet au Réel. Elle y réagit. Elle n'a pas l'outrecuidance de regarder l'idée, la réalité qui en sourd, où ce Réel, dont elle a assuré l'épiphanie, « a lieu ».

Elle dit le vrai : elle sauve le vrai...

Elle est en réaction.

Elle a construit, elle contient.

Elle réagit.

Il y aura bien, en Pays de France, une gauche et une droite de gouvernement aux prises, à l'occasion des élections présidentielles 2012 ; et ces deux camps ne sont nullement le même.

Ils ne partagent au fond qu'un trait consistant : aucun d'eux ne se constitue en instance d'invention politique, aucun d'eux ne pense le devenir collectif depuis une refondation, depuis une contestation démocratique, républicaine, humaniste, écologique, du caractère indépassable de l'individualisme d'intérêt.

Gouverner, *c'est aujourd'hui réagir.*
Que la gauche ou la droite l'emporte en 2012, au sens strict -et même peut-être au sens de la psychanalyse-, la *réaction* l'emportera.
Or, y a-t-il une fatalité à ce que l'objet de cette réaction soit ?

N'est-ce pas le nerf et la dignité du politique que l'invention permanente de « fatalités relatives »... ?

TEMPS TERRORISTE

Dans son traité *De la Guerre*, paru en 1832, l'officier prussien Carl von Clausewitz présentait la guerre comme *«la continuation de la politique par d'autres moyens »*. Il est d'usage de concevoir le terrorisme comme «la continuation de la guerre par d'autres moyens ». Qu'est-ce donc que cette réalité si profondément ancrée dans la vie de la Cité et les esprits contemporains, quels traits la définissent ?

Le terrorisme se définit en premier lieu par un rapport paradoxal de la quantité des moyens à l'ampleur de l'effet. Est terroriste un acte de guerre isolé à effet d'angoisse sans portée, un acte de guerre isolé à portée illimitée dans le temps et l'espace : le terrorisme, y compris quand il ne se manifeste pas ou plus pratiquement, génère une angoisse célibataire de causes, *pure*.

Il se définit en deuxième lieu par la nature le plus souvent anonyme de ses agents. Un terroriste est souvent un anonyme et quand il ne l'est pas, ce n'est pas parce qu'il prétend à l'officiel, c'est parce que son identité s'est trouvée dévoilée.

Enfin, le terrorisme se définit par l'inéquation des forces qu'il met en présence : belligérant contre civil, force ténue et préparée contre force dense et surprise, militant contre soldat et passant, armée irrégulière contre armée en titre, membre amateur d'un groupuscule contre professionnel d'une masse, artisan occulte à petits moyens contre tenant officiel d'une production financée par un généreux émargement au budget étatique, etc.

Je résume : le terroriste crée une angoisse pure, *arbitraire*, car privée de liens véritables à ses causes ponctuelles en termes de temps et d'espace : une angoisse *latente*. L'acte est sporadique et sans détermination clairement lisible par sa victime, il n'a pas à proprement parler de visage, il oppose forme inconnue et forme connue, il n'a pas de modèle : en somme *il est partout parce qu'il n'est nulle part.*
Et je dis que c'est *l'époque tout entière*, qui fait de la vie tout entière le produit de décisions financières (et non « économiques ») occultes, sans causes lisibles, le produit de décisions anonymes, quoique incontestablement militantes (la bourse pense *en effet* le politique, elle serait même susceptible, assurait sans ciller un économiste médusant entendu la semaine dernière sur une chaîne de radio nationale, de "faire disparaître la Grèce", ce berceau du politique, cela en dit long...), sans incarnations dans l'espace quotidien de la Cité, que c'est cette époque tout entière qui est terroriste et génératrice d'une angoisse pure qui peut à tout instant virer au raptus.
Cette angoisse est aussi et peut-être surtout celle des gouvernants, qui se contraignent eux-mêmes, par défaitisme idéologique et, ce qui revient au même, par masochisme politique, à danser une horripilante danse de Saint Guy, à partager des peurs en en suscitant, sans tête ni coeur, virant à droite toute, ou bien à viser et à multiplier les centres, c'est à dire les points morts de pensée politique, à perdre la main, tendue au système bancaire célibataire, devant des populations médusées ou indignées et chaque jour plus orphelines, à se subordonner à cette angoisse qui n'est sans

doute autre que *l'outil d'une continuation de la tyrannie par d'autres moyens...*

Emmanuel Tugny

FACEBOOK ET LA PEAU

Pour MM.

Il est d'usage, au monde des honnêtes gens, des clercs, de ceux qui savent ce que savoir veut dire, de fustiger ou de dauber les relations qui s'établissent, au cœur des réseaux sociaux, de ces « tribus » dont Michel Maffesoli fut l'anthropologue pionnier. Leur condamnation repose sur un irréfragable principe d'autorité : l'on ne saurait sentir, ressentir, observer, construire une conscience, un arrière-plan critique de conscience, qu'*in praesentia*, qu'en présence de l'autre. L'amour, l'amitié vrais ne sauraient faire l'économie de la rencontre des physiques au champ physique. L'amour ni l'amitié vrais ne sauraient faire l'économie du passage par l'expérience sensible actuelle. L'on ne saurait « avoir dans la peau » que ce dont on peut « avoir la peau », la toucher, y toucher. En un mot, le monde physique, ce règne platonicien des apparences, se serait vu doter de la capacité monopolistique de l'établissement de la vérité du sujet au regard de l'autre. *L'actuel ne mentirait pas.* Ce qu'un corps, une voix, un regard disent, ceci ne mentirait pas. Ce qu'un tremblement, une inflexion, un clignement, un frisson disent, cela ne mentirait pas. Mettre ceci à mort, l'être-là, l'être en présence, symboliquement ou en pratique, ce serait en finir avec la vérité. Ce serait ouvrir grand la boîte de Pandore de rapports gauchis, construits, vernis, faussés, enluminés, arrangés, appareillés : menteurs. Or voici qu'attentif aux Honnêtes, vous revient que leur honnêteté s'est forgée au littéraire, s'est forgée aux produits de l'art et de l'esprit. Vous revient que ceux qui professent l'omnipotence, au champ de la vérité des rapports, de la présence à eux-mêmes des corps, ont fondé leur connaissance de l'homme sur l'aliénation de voix, de corps, de peaux, de consciences, en œuvres, sur la transsubstantiation d'êtres en représentations d'êtres, sur la fiction, sur la virtualisation d'êtres, en somme, par des gestes dont résultent des formes. Madame de Sévigné, La Fontaine, L'Abbé Prévost, Apulée, Proust, Beckett, Ginsberg, Pound, ont fait des Honnêtes. Ils ont des amis, des amants, pas uniquement ceux du cœur du livre, leurs lecteurs, aussi, ceux qui font profession de la beauté de leur présence si présente alors qu'absente du monde physique. Les honnêtes gens, les clercs, ceux qui savent ce que savoir veut dire, ont des amours, des amants, des maîtres chez ceux qui, *in absentia*, leur parlent à l'oreille. Et ceux-là parlent aussi à des amis, à des amours absents, font parler l'amitié et l'amour sans que se touchent les peaux, sans que se croisent les regards, sans que se mêlent les voix. L'Elise de Beethoven, la Julie de Rousseau, la Bess de Gershwin, l'Antoine de Truffaut, la Julia de Lennon, la Lou d'Apollinaire, la Gloria de Cassavetes, nous les aimons depuis des amours éternelles où la *physis* n'a pas, n'eut pas grand cours. Ils eurent, nous avons, des Antinea. Ceux qui savent ce que savoir veut dire savent depuis des virtualités de rapports, depuis des relations établies, au sein des formes, entre des êtres devenus formes, ils savent depuis la sympathie, depuis l'amour, depuis l'indignation vécus lecture faisant. Ils ont été formés à la vérité vraie des rapports dans des mondes du rapport sans physique. Et voici qu'ils moquent ou condamnent celui qui aime sans voir, qui aime sans toucher, qui aime sans entendre. Voici que l'amoureux fou de la Romy Schneider de Sautet, l'ami de Corto Maltese, voici que l'ennemi farouche des filles du père Goriot assène sans ciller que l'amour, l'amitié ni l'inimitié ne sauraient se passer de la fréquentation actuelle…Comment y voir autre chose que de l'aveuglement fait clairvoyance ?Le pur mépris générationnel, peut-être, voire…La *physis*, en effet, ne ment pas : une voix ne ment pas, un clin d'œil ne ment pas, un regard ne ment pas, un corps ne ment pas, un mensonge prononcé de vive voix ne ment pas. Il n'est pas de faux amours, de faux amis, de faux ennemis dont nous fréquentons les corps…La preuve : si j'abats un corps, un million de corps, j'abats avec ce corps, avec ce million de corps, toute leur vérité. Ainsi, point de vérité outre la mort : le meurtre d'un être l'abolit dans le temps, le meurtre d'un peuple l'abolit dans le temps.« Vous qui prétendez qu'un être vit éternellement dans la mémoire », disent nos Honnêtes, « qu'une culture survit au massacre de ceux qui la forgèrent dans ses œuvres, vous vous trompez. Vous qui prétendez qu'on peut aimer d'amour folle un absent, vous vous trompez. Nous nous sommes construits depuis le constat que vous avez raison mais nous prétendons que vous vous trompez. »« Vous préférez les absents aux présents », reprochent-ils à leurs enfants cloués devant Facebook, ceux qui passaient leurs étés, le dos contre un arbre, à aimer la Chloé de Vian, à porter le gibier de Davy Crockett, à trembler avec Tintin sur l'île noire…« Vous aimerez vraiment quand vous aurez touché », disent-ils, le cœur gros de cette nostalgie de l'amour sublime, de cette nostalgie qui leur serine qu'ils n'aimeront jamais, au monde physique, comme Abélard a aimé, comme ils ont pour leur part aimé la Betty de *37,2 le matin*. Ils mentent. Ils se mentent. Ils disent ce dont ils voudraient qu'il fût et dont ils savent bien qu'il n'est pas. Ils font ce qu'ils ne voudraient pas qu'on leur eût fait. Comme ceux-là qu'ils condamnent, ils savent que « la vraie vie est ailleurs », qu'elle est sise dans l'inappréhensible dimension où dialoguent les imaginaires. Ils voudraient que cela ne fût pas, que l'impossible fût une dimension du monde physique. Que l'imagination ne fût pas uniquement la « reine du vrai » (Baudelaire), mais qu'elle fût tout bonnement le vrai. Quand ils s'adressent à leurs enfants, à leurs amis, à leurs amours « tribaux », ceux qui savent ce que savoir veut dire mentent et, ce faisant, ils abusent de leur autorité. Ils disent « vous vous trompez », ils devraient dire « vous avez raison : ce que nous cherchons tous n'est point de ce monde ». Ils disent « la vérité est au monde », ils devraient dire « Ne préférez pas le monde au rêve mais connaissez combien le monde est cruel pour ne pas vivre trop triste ». Ils disent « vis la vie », ils devraient dire « patiente et attends ton rêve ». Ils disent « il faut avoir connu une peau, une voix, un regard, pour dire qu'on a aimé », ils devraient dire « il faut avoir connu tout cela pour retrouver son rêve ».

A l'occasion d'une opération publicitaire, une jeune Hollandaise a fait mine de se faire tatouer sur les avant-bras les visages de ses 152 amis Facebook. L'image qui en résulte dit tout : dans l'ordre humain, la peau ne se nourrit jamais *que du rêve d'un rêve*.

Emmanuel Tugny

L'ÉMINEMMENT POLITIQUE

Massages de pieds, régime sévère, enfant à naître, troussage ancillaire, partouses marocaines, listings truqués, berline de luxe, prix du mètre carré, alliances partidaires inféodées aux amitiés, aux inimitiés, aux filiations, aux pactes, aux souvenirs courts ou longs, à l'infini nuancier des affects...

L'actualité de France est à l'éminemment politique...

La cité de France vit au rythme de la réduction du politique aux aléas savoureux du devenir individuel ou plus exactement du devenir de l'individuel appréhendé comme « le distinct-même ».

La cité de France règle ses comptes à la vieille querelle de caste qui reproduit depuis des siècles chez elle celle du peuple gaulois et de la noblesse franque ; elle fait la peau à ses aristocraties, ne concevant l'individu en politique que comme « sujet forcément distinct en tant que forcément le même ».

La jouissance politique française contemporaine tient dans le constat que le représentant et le représenté se ressemblent, ayant chacun des vies privées, des fors intérieurs.

L'individu politique fait jouir quand il est le même individuel, à la fois distinct (« il a sa vie ») et le même (« il a beau dire, il est comme nous »).

Il ennuie ou il irrite quand il subordonne, quand il aliène à une téléologie collective la farouche liberté individuelle du Gaulois, quand il fait, en somme, de la politique...

Il ennuie ou il irrite quand il est « autre », quand il est Franc.

Il ennuie ou il irrite quand, ayant été élu, il est devenu autre.

L'enfant gâté démocratique est relayé par ceux-là qui ont intérêt à le cajoler, ceux qui rêvent légitimement de fonctions citoyennes, d'exercices aux mains propres, de transparence, de non-cumul des mandats, d'une stricte équivalence individuelle entre celui qui gouverne et son administré, ceux qui, en revanche, qu'ils le veuillent ou non, font volontiers leur miel, par laxisme pédagogique et conceptuel, d'un tropisme rien moins que politique : celui de châtier les élites en tant qu'elles sont, puisque composées de mêmes, illégitimes à l'heure de prescrire et de gouverner.

L'enfant gâté démocratique œuvre à rapporter à soi celui qui prescrit et gouverne, à le penser même, à le penser « représentant de soi seul », à le dépouiller de cette tunique du politique qui le distingue pour observer la nudité crue du même.

L'enfant gâté démocratique est un petit peu pervers, comme les enfants sont pervers : il construit pour détruire, il vote pour dévoter, il habille d'écharpes tricolores pour mieux déshabiller.

Il est indigné que le même dont il éprouve du plaisir à constater la « mêmeté » puisse avoir fait l'objet de son vote.

Cependant, règne au cœur des sociétés une aspiration au devenir collectif, une aspiration au projet commun.

La Tunisie, le Yémen, l'Egypte, l'Espagne, tant d'autres, sous nos yeux, administrent une leçon à notre espace politique régressif : s'indigner, tout en le désirant, de ce que le politique soit affaire de destinées individuelles parallèles consume, assèche, tarit, déprime, aigrit.

C'est un moment clé de la conscience politique que celui où s'établit l'égalité du mandaté et du mandant au plan individuel, un moment qu'il faut toutefois dépasser en visant une cité invisible, en adhérant à une ambition de vie collective.

Le personnel politique est composé de gens « comme nous » : soit, entendu, noté, dont acte.

Ceci étant acquis, prenons donc modèle outre France, promenant plus loin qu'à l'habitude notre regard, pour considérer que le personnel politique est avant tout fait, notamment à l'occasion d'élections majeures, pour penser l'avenir commun.

Gracias por defender (i dejar defender) nuestro futuro...

CELINE CONTRE TOUS

Il n'y a pas trente-six Louis-Ferdinand Céline. Des périodes, des époques, des phases, les unes rédimant les autres, les autres entachant les unes. Que cela soit heureux ou pas importe peu, il n'en est qu'un.

Or, quel est-il ?

Il est l'écrivain autodidacte qui, faute d'entendre les mécanismes de la poétique « littéraèère », de la fabrique apprise au sérail des Lettres, invente une littérature qui lui soit propre, une littérature qui ne soit pas la langue dans la poche d'une voix arasée par l'initiation académique et les agrégations mais bien la sienne propre, rencontrant sa forme, trouvant la matière propre à son objet.

Le style célinien n'est pas davantage de l'« oral écrit », par exemple, que le cinéma de Pialat n'est du « réel filmé » : il est la forme d'une voix singulière, forme et voix s'y entraînent l'un l'autre sans solution de continuité entre eux, sans oral qui ne soit écrit, sans écrit qui ne soit oral, sans hybridité dans le tourbillon qu'engendre le credo aigre.

Pas d'oral, pas d'écrit, une voix, une parole faite de congruence, d'appropriation d'une forme au murmure continu de l'être.

Céline fait un livre que les autres n'ont pas fait, comme Matisse peint après Chardin.

Céline, comme Matisse, produit non point à proprement parler l'œuvre qu'il sait produire, mais la maladroite, l'accidentelle, la volontairement symétrique de celle qu'il ne sait pas produire. Céline est Céline parce qu'il n'a pas su pas faire une œuvre qui ne fût pas de Céline.

Céline n'est pas un agrégé, pas un auteur, pas même un écrivain : *il écrit.*

Il écrit un livre qui dit un objet.

Or, cet objet, quel est-il ?

Céline écrit un livre qui dit que l'homme est chien. Celui qui ne sait, dans l'antichambre des salons agrégatifs, parler que chien, celui dont la présence, écrirait Balzac, est « une tache de boue sur une robe de mariée », écrit un livre en langue chienne.

Et ce livre dit de l'homme qu'il est chien (les images de Céline à Meudon disent d'ailleurs ironiquement la réciproque).

Et ce livre est le livre d'un médecin qui soigne parce que les chiens les moins mauvais sont encore ceux qu'on panse et qu'on berce.

L'homme est méchant, dit Céline après Hobbes. L'homme qui persévère dans son être est un chien pour l'homme.

Les taxinomistes anciens, ceux des races, des castes, des classes, des cultes, n'ont rien compris.

Du haut en bas, sol et plafond, tous les étages : une humanité chienne, mauvaise, regrattière, une humanité qu'a évacuée une grâce qui « court encore »...

Au monde, dit Céline le presque gnostique, règne un démiurge, un dieu mauvais qui a ancré la méchanceté au cœur de l'homme.

Le monde est une solitude où se croisent les malfaisances.

"Une immense entreprise à se foutre du monde".

L'âme aboierait si elle n'était pas muette.

Ceci est, nous dit Céline, la *vérité*. Ceci, nous dit Céline, est la vérité qu'un livre de vérité, qu'un livre qui ne soit pas produit par la facticité du littéraire, qu'un livre qui soit une voix de l'être, pas une voix de *l'ars*, pas un mensonge retors des mauvais, doit dire.

Un livre doit dire la vérité.

Le livre de celui qui ne vit pas dans les mirages, les stucs des Lettres, a cela au cœur : dire la vérité.

La sentence axiologique cruelle prononcée par le chien : l'homme est chien.

Un livre -voici la trouvaille- doit dire la vérité, je ne puis écrire un autre livre que celui qui dit la vérité, qui l'affronte, et c'est parce que je ne puis en écrire un autre que celui que j'écris est le mien et qu'il m'est aussi cher que me semblent dispensables et haïssables les livres qui mentent.

Ceux qui sont pure forme, ceux qui sont pour de rire, ceux qui sont de l'ordre de la littérature et, surtout, ceux qui sont vérité d'apparence, ceux qui prétendent dire ce qui est et qui mentent.

Parmi eux, haïssables entre tous, ceux qui mentent parce qu'ils professent le credo contraire à celui de Céline.

Ceux qui disent : l'homme est aussi bonté, il est un dieu qui le rémère, la fraternité vraie est possible, l'amour est au coeur de l'être, le goût de l'autre tenaille la matière humaine, il y a des églises, des classes, des solidarités en l'homme, il y a en l'ordre humain du gentil.

Ces livres-là sont l'ennemi du livre chien.

Ceux qui les écrivent ou qui les écrivirent, ceux qui les commentent, les commentèrent et en tirèrent profession sont l'ennemi *inverti* : ils sont des chiens et des chiens menteurs, ils sont vils parmi les vils, les derniers des derniers, le pire supplice leur serait encore un supplice complaisant.

Face à Céline peintre de la chiennerie qui ne badine pas avec la vérité puisqu'il n'est pas « de la littérature », il y a les religions, métaphysiques ou laïques, du livre, il y a les « écrivains », les facteurs de livres peintres de la noblesse possible des hommes, du salut heureux d'une communauté prenant le pas sur sa démiurgique impropreté à l'amour sublime.

Ceux-là, Chrétiens, Juifs, Marxistes, ne sont pas haïssables en tant que tels mais en tant qu'écrivains, que professeurs ou que lecteurs du faux.

Et tous de la même farine invertie.

Leur "bonne nouvelle " est l'impardonnable imposture.

Il n'y a pas trente-six Céline, il y a un seul Céline, mort il y a cinquante ans précisément, seul écrivain de son œuvre produite par l'incapacité d'en produire une autre, la vérité l'en empêchant, que l'académie lui avait laissée, ne l'ayant pas entraînée dans ses faux déserts de faux sable : une œuvre fondée sur le mépris, la colère, le ressentiment face à ce qu'elle désigne comme mensonge, c'est-à-dire, au champ de la littérature du vrai, de celle qui n'est point « des Lettres », comme crime.

Il n'y a qu'un seul Céline : c'est une voix faite livre, livre noir, à un titre ou l'autre, *contre tous les livres*.

PRESIDENTIELLES 2012, MORNE PLAINE ?

La course présidentielle française en cours et à venir peut intéresser.

Elle offre en effet au regard, au coeur, au jugement de l'électeur, une munificente farandole d'êtres, de personnes, c'est-à-dire, au sens strict du mot, de « masques », de figures, de sujets, de postures, d'identités, d'individus, de dignités affichées, d'indignités offusquées, de symptômes retenus ou réifiés.

Elle est le cadre où se meut une richissime floraison d'humanité, où ondule une serre où croissent qualité et variété végétales.

Un plateau où passent des personnages à peinture, des sujets à romans, des densités humaines à croquer, à embarquer dans des caravelles, des dirigeables, des coches : des aventures.

Considérons-les :

Nicolas Sarkozy, livré, corps, nerfs et gouvernement, à cette consomption de l'affirmation de soi qui lui fait comme une âme : Julien Sorel au Palais.

Martine Aubry, anti-Madonne syndicale, bonne à l'Humain, dure aux siens.

Jean-Louis Borloo, archétype platonicien de la persévérance victorieuse en l'être, sorte « d'homme aux rats » freudien revenu de cure, libre fuligineux, punk centriste, indistinction faite homme.

Jean-François Copé, d'autant plus diseur de vrai que diseur de conforme, révolutionnaire truistique : « permettez-moi de dire « permettez-moi de dire » ».

Eva Joly, Antigone en qui tout est pureté, trajectoire et fond de pensée, à qui manque cependant le sens de cette pureté-là, cependant si accorte, de la nuance.

François Fillon, l'économe psychique, entre rétention utile et explosion rédemptrice, Javert et Ayrton Senna.

Dominique de Villepin, Hérault volubile des possibles, Chevalier des Ethers, machine à dimensions, conquérant d'Absolu, poète et architecte, venu dire ici bas ce qu'y disent les autres. Albatros (et point taupe).

François Hollande, façon de mystique, bourrelant les beaux abandons du corps et la distance qui rit pour, se « refaisant l'anatomie » (l'on pense à Artaud), l'essence (l'on pense à Faust), devenir ce qu'il devient plutôt que ce qu'il est : Falstaff à rente Pinay.

Ségolène Royal, la figure du Salut à qui la foule réserve le sort du Salut, la renvoyant, souriante, à un plus tard.

Arnaud Montebourg, dont la créativité n'atteint pas le langage, dans la Geste duquel Bouvard ou Pécuchet le disputent à Kennedy, indéterminé comme en une adolescence. Lucien Leuwen.

François Bayrou, figure de la stupéfaction, du bel isolement du Cynique, de l'absence superbe.

Nicolas Hulot ou la question posée depuis la réclusion hors la Cité, le politique : comment peut-on être politique ? Et qui se consume et se meurt de ne point comprendre que l'homme et sa*Polis* aient pour ambition éventuelle de se consumer et de mourir.

Marine le Pen, diseuse de ces vérités que la Cité réprime pour faire une Cité, témoin et chantre de ces profondeurs de l'âme qui sont le fond obscur dont sourd le politique, Dioné lâchée en ville.

Jean-Luc Mélenchon, doux au peuple, dur à tous.

Elle peut intéresser, la course présidentielle française en cours et à venir…

Elle peut aussi laisser en l'âme la terrible nostalgie d'un temps de l'effacement de l'affirmation individuelle devant celle de telle « Cité invisible » à édifier ensemble, de tel projet politique éminent, insolent, généreux, candide et grave, scrupuleux et rêveur.

Elle peut intéresser, la course présidentielle française en cours et à venir…*elle peut aussi bien chagriner…*

Emmanuel Tugny

AFFAIRE DSK : QUEL ROI EST NU ?

La fonction principale de l'hypothèse n'est peut-être pas, au fond, de délimiter le champ du possible, de circonscrire celui du probable. L'hypothèse, écrirait peut-être Clément Rosset, est sans doute avant tout faite pour *créer du double.*
Elle invente un double du réel en l'absence du réel. En l'absence d'avènement, elle formule une forme du vrai qui vient combler l'absence angoissante du vrai. Elle a pour fonction de rassurer celui qu'effraie le silence comminatoire du vrai ; celui qui redoute une forme ou l'autre de l'avènement.

L'hypothèse est une façon de prothèse greffée sur le temps et qui lui rend la parole lorsque son silence inquiète.

Elle ne construit pas un advenu, elle prépare à un avènement. Elle mithridatise une âme inquiète contre la rudesse, postulée par l'âme, de ce qui est à venir. Ce qui est à venir, l'hypothèse y confronte, y prépare, y dispose.

Le silence du monde livre pieds et poings liés à la stupéfaction, à la terreur, à la vanité de l'emprise rationnelle. L'hypothèse est propédeutique du phénomène. En plein ou en creux, elle aura eu un peu raison, l'avènement gagné, de l'âpreté de l'avènement. L'hypothèse n'est point fille de l'audace, elle est enfant de l'angoisse téléologique et pour tout dire de la sensation du silence cruel de l'avenir.

Elle est invention d'un double du réel en quoi opèrent des causalités, elle est Protée, voix entée d'un temps tragique dont la voix propre est introuvable.

Face aux insoutenables avènements qui s'annoncent, en tout état de cause, dans l'affaire Strauss-Kahn, nous formulons des hypothèses.

Ce n'est pas que nous passionne le possible, ce n'est pas que nous anticipions, depuis un gai savoir, un à venir qui nous « sacrera sages ».

C'est bien plutôt que faire hypothèse nous prépare à endurer le pire, nous permet de modéliser, pour moins en être les patients, pour moins en vivre la passion, ce qui approche, quoi qu'il arrive, et que nous pressentons intolérable.

Ce que nous disons, depuis l'arrestation de Dominique Strauss-Kahn, ce que nous disons depuis la prétérition, depuis la précaution consistant à seriner que nous ne dirons point quand nous dirons en effet, ce que nous disons à l'envi, notre vacarme, est à l'évidence prophylactique : il nous prépare au pire.

Et qu'est-ce que le pire ?

L'épouvantable, en l'affaire Dominique Strauss-Kahn, est que, quelle que soit la vérité qui l'origine, cette vérité est épouvantable.

Qu'une machination méphitique ait emporté, ensemble, un homme, un couple, la pensée et l'action sociale-démocrate internationaliste, la stature sinon du présidentiel, du moins du présidentiable français, dans le contexte si monarchique de la cinquième république, et c'est l'épouvantable d'une subordination radicale du politique à une superstructure occulte qui adviendra, étant advenu.

Que Dominique Strauss-Kahn ait violé et c'est l'épouvantable d'une subordination du politique au raptus, à l'individu radical, qui adviendra, étant advenu.

Que la maid ait menti pour exister médiatiquement et c'est l'épouvantable d'une subordination du politique à un vedettariat neutralisé qui adviendra, étant advenu.

Ces épouvantables distincts et, au fond, siamois, puisqu'ils puisent à la même source de la disparition du politique, de l'espace communautaire légitime comme souverains, causent une angoisse légitime.

Le corps bourrelé, dépenaillé, de Dominique Strauss-Kahn, bouc social-démocrate au désert ou brute aux pulsions ancillaires, exsude l'angoisse.

Et cette angoisse détermine une folle angoisse de l'espace public.

Nous ne savons rien de rien, nous faisons hypothèse, nous préparons le temps à advenir moins crûment.

Rien n'y fera : le moment était sans doute venu pour la goutte de faire déborder le vase, pour le social de voir s'incarner devant lui la sujétion de l'action publique, la nudité odieuse du « roi Politique ».

MITTERRAND ET LE PAYSAGE

La nature est fleur de la dissolution des contraires. Ce qui y prospère procède de la dévoration de tout par tout. La nature est être de l'entre-dévoration.

Elle offre le spectacle d'une félicité, d'une placidité dont les ombrages sont les exceptions à la règle irénique, d'une félicité, d'une placidité fondées sur la fusion des contraires, sur la solution de la rencontre des distinctions, des forces divergentes, sur la constitution patiente et éternelle d'une « mêmeté » sereine. *Tranquille.*

Celui qui entend, qui sent en soi-même qu'en la Nature est un "esprit", une éthique, qu'en la nature est une morale pour soi, que la nature recèle une leçon pour soi, celui-là entend qu'il n'est de force que dans l'effacement de soi au profit de l'ensemble, que dans une consomption de soi fondée sur la fusion en soi, sur le conflit à somme nulle, en soi, des contraires, sur la résolution et le respect en soi des duplicités.

Celui qui entend être de la nature, de la paille et du grain, de la roche et de l'aubier, des saisons, ne saurait s'inscrire dans l'affirmation dogmatique de quelque chose, dans la distinction en soi d'une éminence prenant le pas sur ses contradictions intimes.

Il ne saurait être quelqu'un plutôt que son contraire, il ne saurait s'arracher à soi et au tout.

Celui-là est figure, celui-là est *persona*, celui-là est humaine sécularité, celui-là appartient à une métaphysique de l'au-delà, qui prétend être ici bas « autre chose qu'autre chose », plutôt ceci que cela.
Celui-là peut être De Gaulle, grand bien lui fasse.

Il n'appartient point à la paille, au grain, à la roche, à l'aubier, aux saisons, il n'est pas « de l'immanence », il n'est pas de la nature. Il ne construit pas en soi l'équivalence apaisée des contraires qui est condition d'un rapport apaisé au dehors.

François Mitterrand, c'est son étrangeté, c'est une des sources de la fascination qu'il a engendrée et qu'il engendre, me semble être de ceux dont l'éthique emprunte à la nature, à la campagne, aux saisons, à la paille, au grain, à la roche, à l'aubier : à la vision de la mort comme solution, comme paix, comme renouveau, comme reverdie, à la mort comme vraie vie, comme "devenir force de l'esprit", comme *vie enfin*.
A ceux-ci la nature est un temple ? Mieux : une pyramide !

Pour eux, dieu est « étant et être du monde ».

Ils pensent à la façon des gnostiques...

Ces hérétiques pour qui dieu est partout et nulle part, ces pères lointains de l'agnosticisme dont se réclamait le « fort tranquille »...

Ils professent pour eux-mêmes une éthique du salut fondée sur la dissolution de tout en soi et de soi au-dehors.

Une éthique qui emprunte à l'immanence, c'est-à-dire à la mise en équivalence en soi des forces contraires, des tropismes adverses, des credo opposés, successifs ou alternatifs.

Une éthique paisiblement duplice.

Une éthique de l'entretien du double et de l'équilibre des forces.

Voilà sans doute d'où naît la fascination exercée par François Mitterrand.

Il est là, il n'est pas là, il est catholique, il est agnostique, il est bon aux siens et les siens souffrent de lui, il méprise l'argent et organise son règne, il est de droite et puis il est de gauche, il est colon, il est anticolonialiste, il est de gauche en guerre froide et défend les Pershing, il préfère Chirac à Rocard, il est amusant et cassant , il aime Gorbatchev et légitime le pathétique Ianaiev, il promeut Jospin et il promeut Fabius, Delors et Chevènement, Bérégovoy et Tapie, il dit tout et il ne dit rien, il libère l'information et pose des micros, il abhorre et flétrit la cinquième république et l'incarne comme jamais elle ne fut incarnée. Il est son propre cohabitant. Il vit en soi et s'y oppose.

Une distance s'engendre alors : où il est, il n'est pas. Où vous êtes en sa présence, vous êtes en son absence puisqu'il est infidèle comme la nature qui châtie ses beautés…

Proportionnellement, peut-être vous pense-t-il, fidèle, depuis telle absence…

Libre de l'homme en tant que double, élément du naturel.

Machiavélique, Mitterrand, fin stratège ?

Maître ès équivoque ?

Non : « immanentiste », féal de la nature, humanité mue par le sentiment d'être « du paysage », par le sentiment de devoir être le lieu de la dévoration tranquille du même par l'autre, de l'autre par le même, le point où s'équilibrent, s'entre-dévorant, les forces intimes contraires.

Mitterrand est étrange et il est seul.

Jamais, en effet, la France des monarques sanguins, incarnant l'au-delà laïc ou chrétien de la nature et la « toute romaine » *virtù*, le salut par l'acte d'ici-bas, ne fut aussi assurément gouvernée par la paille, le grain, la roche, l'aubier, les saisons.

Et la *mort bonne*.

UN « MARTYRE MINUSCULE »

Dans ce qui peut à bon droit être tenu pour une œuvre majeure de l'histoire de la littérature française, *Vies minuscules*, Pierre Michon se fait l'hagiographe d'anonymes à qui l'alchimie complexe des Lettres confère le statut de héros. De héros du quotidien sans grade, de ce que Georges Pérec nommait « l'infra-ordinaire », mais de héros. C'est fait et écrit sans burlesque, sans ricanement, c'est écrit comme candidement, c'est fait, c'est écrit, c'est guilloché par une forme nonpareille, c'est conçu depuis l'amour sans fard d'êtres qu'ignore le plateau des majestés tragiques.
Le 26 avril dernier, Rémy L., employé de France Télécom-Orange de 57 ans, s'immolait sur le parking de son lieu de travail.

Saura-t-on faire le récit de ce « martyre minuscule » ?

Saura-t-on recruter en soi ce qu'il faut d'adolescence morale et politique pour dire l'infamie collective de ce qui a conduit ce corps à s'effacer du paysage, à faire sur le mode mystique la démonstration pratique de son annihilation par autrui, à illustrer la souffrance atroce suscitée par la superbe ignorance d'un temps où se partage le pouvoir entre tyrans minoritaires et aveugles et superstructure monétariste monomaniaque sans visage et partant sans regard.

Ce que dit peut-être le sacrifice de Rémy L., celui, aussi, de ceux qui l'ont précédé chez France Télécom-Orange, ailleurs, celui, encore, de Mohamed Bouazizi, l'immolé de la révolution tunisienne, c'est le désespoir engendré *par un temps sans regard.*

C'est le sourire éperdu adressé par la communauté des hommes à un temps politique qui a fait de la radicalité de son indifférence, de la sophistication malade de son aveuglement face au citoyen, la clé putative de leur bonheur d'ici...

Peut-être que ce n'est pas que l'on ne veuille plus mourir, ici et maintenant, quêtant par tous les moyens les conditions d'une éternelle jeunesse, peut-être que c'est plus humblement que l'on veut séduire, que l'on veut être vu.

C'est même sans doute, osera-t-on l'écrire, que l'on voudrait bien, ici et maintenant, *être aimé*.
Or, l'exemple donné par le gouvernement contemporain de la vie des hommes, est, au nom du mirage d'une prospérité qui entrave l'être, celui du désamour.

La *Polis* a cloué nue la Cité "au poteau de couleur", au poteau sacrificiel de la carence affective massive.Le temps est un amant délaissé qui s'échine à se faire beau, cesse de fumer, mange sain, dévale des kilomètres de pente en caoutchouc, fait aller et venir la fonte, travaille à voter, à penser au cordeau.
Et qui s'échine en vain.

Les corps et les âmes évoluent dans l'angle mort, ils appellent, ils font la roue, ils jouent de tous leurs atouts, de tous leurs atours, pour plaire et pour servir.

Ils sont accorts, ils sont beaux, ils veulent vivre loin pour plaire et pour servir.

Ils enseignent à leurs enfants juste ce qu'il faut de savoir pour plaire.

Ils consomment de culture juste ce qu'il faut de culture pour plaire.

Leur jouir se cache ou se fait Droit, leur révolte s'émousse, leur enchantement se nuance : celui qui veut plaire ne connaît d'aventure que celle de l'offrande d'un regard.

Or, le temps est aveugle.

Les sujets qui y promènent sont orphelins d'une vision de l'homme. D'une vision de l'homme qui voie, qui *regarde* l'homme.
Ils sont devenus les objets d'une passion morte, les inféodés d'un monde qui pense faire le bien du sujet en le niant comme sujet, en le comblant d'objets qui lui ressemblent, qui ne sont pas davantage objets que lui puisque l'attention qu'on leur porte est au fond la même.

Puisque le regard du temps sur le sujet est aussi mort que celui que l'on pose sur un pur objet pur, sur une forme « insignifiante », sur un signifiant de rien sinon de fonction, sur un désert symbolique, sur une parole tue.

La Cité est un corps qui ne plaît plus à la *Polis*. La Cité est une voix à laquelle la *Polis* est désormais sourde. La Cité est une *désaimée*.
Elle hurle le dépit et, ce faisant, elle désigne l'absurde : elle hurle le dépit de se voir tenue dans une nuit par un regard détourné, elle désigne l'absurde en quoi consiste le fait d'être tenue pour rien par ce qu'elle a conçu et qui a pour vocation prétendue la conception de sa prospérité d'âme et de corps.

Rémy L. est l'un des « martyrs minuscules » de ce temps ; à l'instar d'un tragédien, il a tiré les conséquences exemplaires d'une souffrance particulière, il a fait exemple, il a fait leçon.

Mais il a fait de son corps la matière même de la leçon.

Cette leçon, le champ social en souffrance le dit lorsqu'il dit : « je travaille depuis si longtemps pour cette boîte, comment peut-on... ? »

Lorsqu'il dit le désamour et son horreur à celui qui le lui fait vivre, comme Elvire le dit à Dom Juan.

Rémy L. a fait litière de soi pour dire ce donjuanisme, cette perversité profonde, cette cruauté benoîte, cette irresponsabilité puérile du temps contemporain.

Qui saura porter témoignage en 2012, se faisant en quelque manière le porte-voix d'une candidature posthume à l'élection présidentielle de Rémy L et de ses frères en martyre, de l'exigence du citoyen de rencontrer, enfin, un temps politique qui en soit, au profond, *épris* ?

FFF : L'HYPOTHESE BETISE

En leur temps, Michel Platini et Jean Tigana furent retoqués par des clubs de niveau relatif. L'un échoua à Nancy, ayant échoué à Metz, l'autre finit postier, comme ses camarades des Caillols, déjà, émargeaient aux budgets de clubs professionnels.

C'était le temps où, sous le galop de *« l'Oranje mécanique »* menée par Suurbier, Krol, Rep, Cruijff, Neeskens, Haan, Rensenbrink, à Amsterdam ou à Munich, l'herbe ne repoussait pas.
C'était le temps du football total, celui, aussi, de la soldatesque en cheveux de Franz Beckenbauer, de Vogts, de Breitner, de Schwarzenbeck, de Netzer, celle de Bruxelles 72 ou de Munich 74…

Des blancs, tous, *O tempora…*
Pas un temps pour avortons, gringalets, crève-la-faim.

Pas un temps pour gueules (hâves) de métèques.

Au Brésil, même, l'ivrogne blond Marinho Chagas menait la danse d'une équipe à qui l'héritage de l'équipe de Pelé, celle des Gerson, Rivelino, Tostão, Brito, Clodoaldo, Jairzinho, Carlos Alberto, faisait belle la jambe.

Et, par comparaison, fort laide la danse…

Un temps pour Blancs, un temps fait pour force, puissance, mesquinerie technique d'ensemble.

En France, Oswaldo Piazza, l'hidalgo blanc, incarnait la plastique d'un football de la chevauchée, du sang, de la sueur et des larmes.

L'on n'avait certes pas Platoche, pas Jean-Amadou, à Saint-Etienne, mais l'on avait du cœur.

Un cœur de forge

C'était le temps du football de Blancs.

Celui dont la Fédération française de football semble aujourd'hui considérer, sidérée par les exemples espagnol et barcelonais, qu'il est un football de Noirs…

Et voici que l'on s'y perd un peu…

Quels Noirs : Drogba ou Milla ? Luc Sonor ou Ashley Cole ? Tigana ou Vieira ? Paulo César Cajù ou Serginho Chulapa ? George Weah ou Obafemi Martins ? Trésor ou Adams ? Théophile Abega ou Alou Diarra ? Cubillas ou Paul Ince ? Makélélé ou Djetou ? Joseph-Antoine Bell ou Thomas N'Kono ?

Ainsi de suite…

L'idée de rompre en visière un football uniquement fondé sur l'intensité des courses, l'affrontement physique, la production athlétique, un football-décathlon à la Hans-Pieter Briegel, un football à la Taiwo, l'idée de promouvoir à nouveau un football de la virtuosité technique des corps, quels qu'ils soient, celui de Giresse, celui d'Osim, de Garrincha, celui de Nasri, d'Omar Sahnoun, de Salif Keita, de Valderrama, de Pelé, de Lakhdar Belloumi, de Messi, de Baggio, d'Eto'o, d'Inesta, de Gascoigne, de Claude Papi, du

Noir-Blanc-Roux Ademir da Guia, est une idée que justifie pleinement la nécessité de faire jeu, de faire spectacle et, on le voit bien aujourd'hui, de faire résultat.

Mais l'association de telle ou telle forme de football à telle ou telle couleur de peau est moins qu'hérétique.

Elle est tout bonnement idiote.
Et l'on ne connaît rien au jeu de football si on l'émet.

Demeurent donc à disposition du jugement, face à la conversation révélée par *Mediapart*, deux voies possibles : la condamnation de la curieuse idiotie, de la bêtise, de l'aveuglement soudains de professionnels divaguant à bâtons rompus en un temps tristement "décomplexé" en ce qui regarde le rapport timoré ou agressif à la différence, et celle de l'instrumentalisation ordinairement mais strictement raciste d'un jeu dont la beauté tient aussi au fait qu'il a toujours su faire valeur et ipséité de la distinction de l'origine ethnique ou physique, du talent et de la fonction.
Or, comment croire sans désespérer tout à fait que ce n'est pas au coin de la sottise pure et sans intention seconde que sont frappés les propos rapportés par *Mediapart* ?

Je fais, en tout cas, pour ma part, audacieusement, sans doute, ce pari optimiste-là…

Emmanuel Tugny

« LE DIABLE EST MORT, VIVE LE DIABLE ! »

Le diable est mort. Le corps qui a, des années durant, comme celui du loup de nos enfances, aliéné nos peurs, incarné nos terreurs, figuré nos angoisses, offert une icône à la Cité refusée, non seulement par le monde occidental mais par celui que l'on voit lever, au Proche et au Moyen-Orient, en Afrique, ce corps a gagné son éternité. Son éternité de diable. Le diable est mort. Ses yeux se sont fermés, offusquant à jamais cette étrange sérénité, cette sidération noire et feu de la beauté du diable. Cette certitude qui divise et épouvante. Cette certitude de la fracture du monde ; de la bonté de la fracture du monde. Le diable est mort il y a quelques heures et des drapeaux américains s'agitent, autour des grilles de la Maison Blanche. Le diable est mort et se réjouissent *des hommes.* D'où vient pourtant qu'ils nous semblent un peu seuls, ces hommes-là, devant la Maison Blanche ? D'où vient que nous ne nous en sentions pas tout à fait solidaires, d'où vient que nous ne leur soyons pas, qu'ils ne nous soient pas, aussi absolument qu'attendu, sympathiques ? Le diable est mort et nous peinons à nous en réjouir tout à fait avec eux. Nous sentons qu'en eux la raison est nuancée d'erreur. Le diable est mort et nous peinons à nous en réjouir tout à fait. La joie est-elle donc morte en nous ? L'enchantement est-elle une fonction que l'accumulation en nous des échos du phénomène, des échos du monde, des « nouvelles », a rendu moins opérante ? Ce qui advient n'advient-il plus en nous aussi purement qu'au temps où il advenait avec plus de rareté ? La promenade du sujet au monde ne parvient-elle plus à équilibrer son propre écho en le sujet et celui du monde qui est au-delà de la promenade ? Sommes-nous devenus incapables de sentir, au motif que ce que nous sentons est devenu principalement une production du dehors, du lointain ? Ou bien est-ce autre chose, l'ombre d'un doute sur l'importance de la nouvelle ?Le diable est mort, bien. Comme le dirait un personnage de Samuel Beckett : « Nous sommes contents. » Comme le dirait son interlocuteur : « Qu'est-ce qu'on fait maintenant qu'on est content ? » Car si le diable est mort, le diabolique qu'il incarnait ne l'est point. Car le diable, le terroriste, c'est aussi et surtout l'époque tout entière. Celle où l'on s'immole, fou d'angoisse, sur un parking, sur le *forum*. Le diable, c'est la *Polis* mondiale confiée, par abandon du projet républicain, à l'individu courant au profit, au crédit, comme conditions de l'être. Le diable, c'est le temps qui fait de la vie des gens d'ici, de leurs migrations, la variable d'ajustement d'une pensée toute monétariste (pas « économique » : monétaire), d'une pensée absconse, inatteignable au jugement des gens d'ici, sans responsable repérable, puisque l'époque a diffusé la responsabilité de sa souffrance jusqu'au sujet, au trader, au retraité, à l'épargnant, au chef de famille économe. Le diable, c'est le temps qui fait de la vie des gens d'ici le produit de décisions occultes, anonymes, comme « naturelles »,quoique incontestablement « politiques » (la bourse pense *en effet* le politique), sans représentations repérables et responsabilisables dans l'espace de la quotidienneté citoyenne. Le diable, c'est aussi et peut-être surtout l'étape de civilisation où le diable est mort, ce matin, cette étape terroriste au sens fort puisqu'elle génère l'angoisse pure, celle dont les causes sont inaccessibles à la perception, à la raison, au jugement. Le diable est mort, vive cette mort. Nous sommes contents, certes, mais en nous une voix murmure avec constance :*« Le diable est mort, vive le diable ! »*

ÉTHOLOGIE DE L'ECOLOGIE

L'écologie ne consiste pas exclusivement, pas fondamentalement, pas essentiellement, en un rapport critique de l'être au monde. L'être écologique n'est pas en relation directe avec le monde ou, plus exactement, il ne vit pas avec le monde une relation sans médiation. La relation, le rapport écologique ne consiste pas, au fond des choses, en un rapport, insolent ou déférent, entre deux pôles, un sujet destructeur ou protecteur d'une part, une nature farouche ou domptée d'autre part. La dialectique écologique n'est pas principalement opposition de deux forces, elle ne se noue pas depuis une logique agonistique ou pacifique entre deux partenaires, une logique « extravertie ».Cette logique-là est seconde et, comme seconde, elle n'est suffisante que si le nécessaire est acquis, qui ne ressortit point à la dualité pure. L'écologie, en effet, est avant tout affaire réflexive, elle est le fruit d'un repli, d'une conversion à soi. Elle est, à l'orée, « rapport à soi ». Ce rapport à soi se donne sur deux plans. Le premier relève du mystère. L'écologie repose sur la concession au monde de la sensation ancrée de son autonomie, de son « quant à soi ». Il semble à l'écologie que le monde oppose à la conscience une façon de conscience, que le rapport au monde est le rapport à une liberté, à une aporie, à une insoumission, à un espace replié sur soi et qui, en quelque manière, « se pense ». Le monde de l'écologie, l'objet de l'écologie, n'est point objet pur. Il est objet rebelle, regimbant, se refusant, c'est-à-dire objet « ne réagissant pas en fonction ». L'écologie pense ou fantasme, sent que le monde est critique, qu'il est doué d'une capacité à constituer ses propres aisances de sujet face au sujet, qu'il est autre parce qu'il est le même, qu'il est sujet contre le sujet, qu'il est contradictoirement, librement, c'est-à-dire au titre de sujet. Le sujet écologique pense le monde comme un même, c'est-à-dire comme une limite fraternelle, sororale, de soi. En conséquence ou préalablement, c'est là le second plan, il se pense comme part du monde, « être du monde », part de « l'être du monde » comme tout et comme un. Il ne se pense distingué des choses qu'en tant qu'il s'efforce de les penser. Mais il ne pense la distinction critique que comme distance relative prise par rapport à une « mêmeté » qui, elle-même, ne se pense qu'en tant qu'elle se distingue, fait tempête, inondation, tremblement, réchauffement. L'écologie est, avant que d'être un rapport au monde, avant que d'être un sentiment du rapport à soi du monde, un rapport à soi senti du sujet, un rapport à soi pressenti du monde. L'affaire écologique ne met en présence sujet et objet qu'après qu'ils ont établi en eux un rapport critique de soi à soi qui les rend mêmes et distingués pour être « mêmes mieux ».Cette nature de l'écologie, ce dialogue entre deux sujets critiques, l'un par mystère, l'autre par conscience, ce dialogue entre deux essences semblables senties et pensées, vécues telles, vécues comme consubstantielles et autres depuis cet état de mêmeté, fait de toute chose et de tout être le surgissement d'une distinction au sein du même. C'est en quoi l'écologie peut à bon droit parler du champ social : en effet, si toute chose est même et m'apparaît depuis sa relative distinction de « chose critique », de chose en résistance, de chose limite affirmée de soi, tout être est, comme chose, comme part de l'être du monde, mon même, ne se distinguant que depuis une « pensée de soi », un « parti-pris de soi comme chose».

L'écologie sociale peut être. Elle ne saurait ne pas être. Elle ne saurait consister qu'en une éthique, fondée en sensation de la « mêmeté » du prochain. Elle ne saurait partant consister qu'en une forme de solidarité fusionnelle, nécessairement internationaliste et radicalement sociale. Que l'on ne s'y méprenne pas, l'écologie ne chemine pas régressivement vers telle pureté, elle ne vise pas la Parousie, elle n'a pas en ligne de mire « l'âge de la bougie », elle n'entend pas boucler une boucle, elle affirme au contraire l'avenir profondément révolutionnaire d'un équilibre fondé en critique, d'un équilibre rationnel entre rationalité du monde et rationalité du sujet, d'un équilibre fondé en l'appréhension « surconsciente », profondément moderne, du monde comme espace du même, du monde comme espace de « l'être du monde » et non plus fondamentalement de « 1 'être au monde ».L'écologie n'est pas quête de l'équilibre sujet-monde, fondé en sagesse obscure, des âges mythiques : elle est travail sur soi et sur le monde, recherche en conscience de l'affirmation, enfin, d'un « être du monde, du monde comme être ».

Emmanuel Tugny

LE BRESIL D'OU JE SUIS

Pour Luis Gomes

Se perdre en réflexions rétrospectives ne peut être le fait du philosophe, de l'écrivain tels que je les conçois. Le philosophe et l'écrivain ont selon moi pour métier la création d'un flux parallèle à celui de la vie, qui l'éclaire, tout à fait comme l'écho rend compte de l'impact sonore et de son ondoiement.

Le philosophe ni l'écrivain n'immobilisent pour voir. Ils "voient" un mouvement qui, sitôt qu'ils le voient, les observe déjà de déjà loin avec quelque ironie. C'est la belle leçon, par exemple, des romans de Stendhal. Prétendre immobiliser pour voir n'est pas une prétention philosophique, n'est pas une prétention littéraire. Comment dire ici « mon » Brésil, « mon » Porto Alegre, sachant que le flux du fleuve Brésil, du fleuve Porto Alegre me portent comme pour rire, au moment où j'écris, la plus radicale et salutaire des contradictions.

Que fut le Brésil, que fut Porto Alegre, pour moi, à quelques pas de ma conscience, d'où j'étais, d'où je suis ? Peut-être essentiellement la particularité magnifique en quoi consiste, depuis le règlement d'un chaos, la mise en désordre de la règle, cette capacité de rédemption aristocratique, superbe, orgueilleuse, de la mélancolie et de sa pente au fond vulgaire. Quittant le Brésil pour quelque temps, je retiens que j'y ai appris que le désespoir est une indignité, que l'espérance est une discipline possiblement collective susceptible de fonder une *civis*, une *polis*, une civilisation, une urbanité, une politique. Je n'ai appris du Brésil ni la joie ni la tristesse, ni la cordialité ni la défiance; j'ai appris du Brésil une façon d'esthétique, d'éthique de l'espoir, j'ai appris du Brésil une méthode, un travail de l'espoir, le dépassement dialectique de l'écart entre l'allégresse du fou et la gravité du sage. Le Carnaval, oui, sans doute, mais pas celui des corps, celui des âmes, pas celui du pas, pas celui des nerfs : celui des rythmes étranges de l'Être.

"S'il est un homme", son ombre passe, chante et danse au Brésil et cette ombre est lumière au monde.

C'était une ombre, elle a pris de l'avance : elle m'observe souriant, sifflotant *"Apesar de você..."*

Emmanuel Tugny

21 AVRIL : LA PEUR N'ECARTE PAS LE DANGER

Pour Sapho

L'on peut à bon droit craindre, pour 2012, un 21 avril. Mais la peur n'écarte pas le danger. Qu'est-ce qu'un « 21 avril » ? On peut entendre par « 21 avril » deux choses. La première est politicienne : l'arrivée en tête au second tour de l'élection présidentielle d'un candidat auto-proclamé « républicain » et d'un candidat du Front National. La seconde est politique : l'arrivée en tête au second tour de l'élection présidentielle d'un candidat porteur d'un projet constitué en vision de la cité à venir et d'un candidat dont la vision de la cité à venir est illisible ou nulle. Le Front national est porteur d'un projet de cité. Ceci ne se conteste point. Ce projet, ceci établi, n'est pas enfant de la nation, du moins pas de la française car la nation française n'a d'essence que plurielle. Elle n'a jamais été nation que depuis la réunion des contraires, l'accueil des divergences, la réunion des singularités, des idiosyncrasies potentiellement adverses. Le Front national n'est pas un front national. Il emprunte son projet au fond d'être tribal de l'espace nommé France, à celui que Michelet a si magnifiquement balisé dans son *Histoire de France*. Le Front national fonde son projet de société sur le renoncement de la nation française à son identité bohème, vagabonde, bigarrée, nomade, hospitalière, généreuse à l'autre. Il fonde son projet sociétal sur le refoulement de l'identité d'un pays « finistère », d'un pays constitué en dernière étape heureuse du voyage d'autrui, d'un pays dont les tribus furent si souriantes à l'arrivée du voyageur qu'elles ont construit pour lui, apprenant de lui, des maisons au cœur de leurs maisons, des champs au cœur de leurs champs, échangé avec lui leurs coutumes, forgé avec lui une langue, formé un corps de loi qui en a fait un frère, un recours, un « autre même », en un mot, un co-national au sein d'une nation devenue métisse. Le Front national n'est pas un front national, il est un front tribal, pré-national, il ne parle point au nom de la France, il parle au nom de ce qu'elle a nié, de soi, en soi, au long de l'Histoire nationale : sa disposition au soulignement des différences, à l'affirmation de l'appartenance terrienne, campaniliste, tribale. Le Front national est un front tribal, il n'est ni national, ni français d'inspiration, sa proposition politique ne fut au reste jamais qu'une marge de la proposition métisse et internationaliste du champ politique national, au long de l'Histoire. Certes, il dit des choses de la France, il dit, par exemple, le désespoir social, il dit la possible révolte d'un peuple bafoué, livré à soi, quotidiennement giflé par les abandons du service public, par la condescendance de pouvoirs successifs qui n'opposent à sa misère grandissante qu'oboles dérisoires. Il dit le décalage grandissant entre les ambitions affichées par la macroéconomie multilatérale et ses résultats sur la routine des gens de chez nous. Mais il dit aussi de la France qu'elle tire de tout cela une appréhension croissante de l'autre, un repliement sur ses prés carrés tribaux, il dit que cela est juste et bon, que cela est « bien de chez nous » et il a tort. Il a tort parce que face à sa souffrance, l'espace français est encore et toujours pluriel, ses banlieues, sa classe ouvrière, sa classe moyenne appauvrie, sont des espaces de solidarité plurielle, leurs méthodes de résistance à la souffrance ne se fondent point sur l'auto-conviction d'une responsabilité de la tribu d'en face. La France souffre comme France, sa souffrance n'est point l'occasion d'un retour à son âge « pré-national ». Elle comprend qu'elle souffre, qui le dit avec netteté recueille son suffrage, Front national inclus, mais il suffit de la regarder en face, de l'observer historiquement, de l'observer en sociologue, pour s'apercevoir qu'elle n'impute pas sa souffrance à sa marqueterie, à sa constitution bigarrée. Cependant, le Front national, qui n'est pas national, dit quelque chose, il délimité une cité, ce qu'il dit fait sens, il ne se borne pas à rafraîchir les ruines de la cité contemporaine, il propose sa reconstruction. Convoquant l'obscurité dangereuse d'une sorte de cerveau reptilien de la terre de France, certes, mais il le fait. Et c'est la profession de ce rêve (mauvais, sans doute mais qu'importe) qui assure la présence au second tour de Marine Le Pen. Marine le Pen forme une cité, donne un sens au vote de l'électeur. Ce vote sera le vote d'un architecte. Qui saura comme elle faire de son électeur un architecte ?Qui saura opposer une autre cité à la cité rêvée par Marine Le Pen, une cité qui ne soit pas celle dont la décadence n'est sans doute plus répressible ?Qui saura, dans le camp « républicain » (c'est-à-dire dans le camp national, car, en Pays de France, ces deux mots furent au fond toujours strictement synonymes, même en Monarchie) proposer à son électeur d'être l'architecte d'un pays autre, d'une autre Cité française, d'une cité fondée sur la continuité généreuse de l'alliance de cœur et de raison des différences, cette alliance qui dit au monde, comme elle l'a presque toujours dit, qu'à la fraternité politique des hommes en quête de bonheur commun rien ne résiste qui soit d'ordre politique?C'est le dessin d'une cité à venir, l'invitation aux urnes d'architectes républicains qui fera barrage au « 21 avril », pas un bal des experts de l'impossible sauvetage d'un modèle politique en capilotade. C'est le devoir des électeurs républicains de pousser leur classe politique à travailler à l'esquisse d'une cité française neuve, fondée en fraternité, dont ils reconnaîtront qu'ils peuvent être, pour le bien commun, les maçons et les architectes. La peur n'écarte pas le danger : 21 avril il y aura, sans doute, si un seul camp fait sienne l'ambition de réinventer, de la cave au grenier, notre maison commune.

Emmanuel Tugny

ARRETE KNYSNA !

Il y en a un peu assez, à la fin, du bus de Knysna.

Assez de cette glose sans fin de ce qui ne fut rien, ni en intensité ni en récurrence, comparé à ce qu'endurent, pour les mêmes raisons d'abandon social, de démission républicaine, les enseignants et les élèves des collèges difficiles et dont ceux qui, au pouvoir, s'offusquent du raptus de Knysna, se moquent avec une assourdissante constance.

Dans un magnifique petit ouvrage de 1905, *Sur la lecture*, Marcel Proust expliquait comment, enfant, il utilisait les livres comme autant de "filtres" lui permettant de conserver en mémoire les lieux, les bruits, les parfums des différents contextes où il lisait.

Ainsi, lire était avant tout pour lui une opération visant à accentuer la mémorisation des sensations provoquées par l'espace et le temps de la lecture.

Or, que retiendra-t-on, Knysna à part, de cette Coupe du monde de football 2010 ? Un vainqueur, vraisemblablement, la coruscante armée de nains espagnols, quelques augustes vaincus, dont la soldatesque hollandaise, quelques victimes expiatoires, quelques vanités comblées ou offusquées, quelques vices punis, quelques vertus honorées, quelques gestes rares, quelques gestes beaux comme des exceptions à une règle tristement"régulière", une épopée prolongée ou souffletée, un rêve continué ou contredit, la Geste, quoi qu'il en soit, de quelques humanités en tunique colorée livrées en pâture cathartique à une foule en mal d'image de soi et qui leur aura un mois durant délégué le soin de contraindre le sort à la fabriquer ...

Rien de neuf ? Rien de neuf.

Ou plutôt si : la vuvuzela !!!

En l'esprit de Marcel Proust, la lecture était le prétexte d'une communication intense avec la vie.

Le jeu de football a presque semblé, au long de cette coupe du monde africaine, le prétexte d'une communication intense avec une rumeur, avec un bourdonnement, avec une respiration continue qui enfle, avec un cri.

Avec un cri qui est comme une affirmation impudique et généreuse, sublime et monstrueuse, de vie.

Ce cri de la vuvuzela, des poitrines qui en quelque sorte s'y prolongent, semblait incroyablement vouloir dire, semblait incroyablement vouloir signifier.

Il avait choisi l'endroit idéal pour dire et signifier : l'évènement-Moloch, l'évènement anthropophage, l'évènement-opium par excellence.

Il avait choisi son moment pour dire sa force et il a gagné la coupe du monde, il a battu toutes nos divisions de gladiateurs médiatiques.

Il fut sur les ailes, en défense, au milieu de terrain, dans la surface de réparation, il veilla à ce que chaque but fût annulé, à ce que chaque mouvement fût annihilé, à ce que rien de ce qui advient sur le terrain ne fît plus sens.

Il fut et il demeure le cri merveilleux et effrayant, insoutenable et doux, d'un continent dont la force, dont l'énergie inouïe de vie, dont la souffrance et la joie également éruptives, ignorées, refoulées par tant d'entre nous, furent le coeur vrai de la dernière Coupe du monde.

Alors, pardon, mais Knysna, son bus, son principal en cheveux, ses sauvageons…

Emmanuel Tugny

"A L'INFATUATION"

Pour Didi, cent ans.

Il fait bon en Libye. Je le sais : il ne pleut pas dans mon café. Les Libyens sont gens accueillants. Je le sais : cet homme m'a souri. La guerre en Libye ne s'enlise point, cher Claude Lanzmann. Je le sais : j'ai vu deux hommes ouvrir devant moi un carton bourré d'armes, je ne puis me tromper. Je le sais : là où je suis, là où est mon moi, tout me dit, tout lui dit : « vous avez raison ». Il en va de Bernard-Henri Lévy comme du Fabrice Del Dongo de Stendhal. Un Fabrice Del Dongo qui dirait *urbi et orbi* : " je fus immergé dans les brumes aveuglantes de Waterloo, je n'y ai vu goutte au-delà de dix pieds : je sais assurément ce qu'était Waterloo". L'expérience pratique du sujet, n'en doutez pas, bonnes gens, tenez-vous le pour dit, censeurs en chambre, est expérience de vérité. L'expérience pratique du sujet éminent, n'en doutez pas, braves gens, gens qui daubez, est expérience éminente de vérité. Il ne saurait accéder au vrai de rien, cet historien qui ne peut affirmer : « j'y étais ». Que sait au juste des croisades celui qui ne s'est pas noyé avec Barberousse, n'a pas porté le fer aux côté de Godefroy de Bouillon, n'a pas délivré Jérusalem ? Que sait des Lumières celui qui n'a pas coudoyé Montesquieu, D'Alembert, Diderot ? Que sait du monde l'austère Montaigne en sa tourelle ? Que sait des hommes et de « l'Etat civil » Balzac à l'écritoire ? Allez sur le terrain, l'on y voit plus clair. Au pied du mur, le mur est plus net. Celui qui sait est celui qui a vu.

Celui qui n'a pas vu ne sait point. Celui qui a vu l'oasis sait qu'il n'est point un mirage. De celui qui voit un mirage où il y a l'oasis, l'on peut dire avec sévérité qu'il n'a pas vu l'oasis. Celui qui argue que je me trompe n'a pas vu ce que j'ai vu. Ce que j'ai vu ne saurait me tromper. Je le sais : j'y étais. Enlisement, en Libye ? Mais enfin, Grand Dieu, personne ne s'enlise, où mon moi se promène ! Définition problématique du gouvernement légitime ? Mais il est légitime, ce gouvernement-ci qui me reçoit !Son peuple, qui m'accompagne au lieu du pouvoir, je vois bien qu'il lui sourit !Je sais d'expérience que l'expérience est expérience de l'illusion mais parce que je le sais, mon expérience est expérience de vérité. C'est un moi éminent qui vous écris, ne vous y méprenez pas : ce que je vois ne saurait se gausser de moi. Ce que je vois *est*. Je balade un regard qui sait. Qu'il y a bien une oasis, une résistance, une légitimité, que le temps passe moins vite le soir, qu'il n'y a pas assez de câpres sur cette pizza…Je le sais, j'y goûte. Au monde de l'expérience, il faut élever une statue à Bernard-Henri Lévy, un monument à la gloire de la présence comme condition d'accès au vrai. Je peine à comprendre pourquoi, quand j'évoque cette idée, l'on me suggère ce titre pour cet ouvrage d'Art : « *A l'Infatuation* »…

Emmanuel Tugny

À « L'INFATUATION » (2)

Il fait bon en Libye. Je le sais : il ne pleut pas dans mon café. Les Libyens sont gens accueillants. Je le sais : cet homme m'a souri. La guerre en Libye ne s'enlise point. Je le sais : j'ai vu deux hommes ouvrir devant moi un carton bourré d'armes. Je ne puis me tromper. Je le sais : là où je suis, là où est mon moi, tout me dit, tout lui dit : «vous avez raison». Il en va en somme de Bernard-Henri Lévy comme du Fabrice Del Dongo de Stendhal.

Un Fabrice Del Dongo qui dirait *urbi et orbi* : " je fus immergé dans les brumes aveuglantes de Waterloo, je n'y ai vu goutte au-delà de dix pieds : je sais assurément ce qu'était Waterloo"L'expérience pratique du sujet, n'en doutez pas, bonnes gens, "petits mecs", tenez-le vous pour dit, censeurs en chambre, est expérience de vérité.
L'expérience pratique du sujet éminent, n'en doutez pas, braves gens, gens qui daubez et vous "foutez de ma gueule", est expérience éminente de vérité.

Il ne saurait accéder au vrai de rien, cet historien qui ne peut affirmer : « j'y étais ».

Que sait au juste des croisades celui qui ne s'est pas noyé avec Barberousse, n'a pas porté le fer aux côtés de Godefroy de Bouillon, n'a pas délivré Jérusalem ?

Que sait des Lumières celui qui n'a pas coudoyé Montesquieu, D'Alembert, Diderot ?

Que sait du monde l'austère Montaigne en sa tourelle ?

Que sait des hommes et de « l'Etat civil » Balzac à l'écritoire ?

Allez sur le terrain, l'on y voit plus clair.

Au pied du mur, le mur est plus net.

Celui qui sait est celui qui a vu.

Celui qui n'a pas vu ne sait point.

Celui qui a vu l'oasis sait qu'il n'est point un mirage.

De celui qui voit un mirage où il y a l'oasis, l'on peut dire avec sévérité qu'il n'a pas vu l'oasis.

Celui qui argue que je me trompe n'a pas vu ce que j'ai vu.

Ce que j'ai vu ne saurait me tromper.

Je le sais : j'y étais.

Enlisement, en Libye ? Mais enfin, Grand Dieu, personne ne s'enlise, où mon moi se promène !

Définition problématique du gouvernement légitime ?

Mais il est légitime, ce gouvernement-ci qui me reçoit !

Son peuple, qui m'accompagne au lieu du pouvoir, je vois bien qu'il lui sourit !

Je sais d'expérience que l'expérience est expérience de l'illusion mais parce que je le sais, mon expérience est expérience de vérité.

C'est un moi éminent qui vous écris, ne vous y méprenez pas : ce que je vois ne saurait se gausser de moi. Ce que je vois *est*.

Je balade un regard qui sait.

Qu'il y a bien une oasis, une résistance, une légitimité, que le temps passe moins vite le soir, qu'il n'y a pas assez de câpres sur cette pizza...

Je le sais, j'y goûte.

Au monde de l'expérience, il faut élever une statue à Bernard-Henri Lévy, un monument à la gloire de la présence comme condition d'accès au vrai.

Je peine à comprendre pourquoi, quand j'évoque cette idée, l'on me suggère ce titre pour cet ouvrage d'Art : « *A l'Infatuation* »...

PS : J'écrivais ces quelques mots le 21 avril et voici que l'affaire DSK me conduit à ajouter ceux-ci : « DSK est innocent, je le sais : c'est mon ami. »

UNE THEORIE DE LA MARCHE

Pour Jean-Paul Lefèvre

Je fus un jour invité à Porto Alegre par une chaîne de télévision à donner à deux professeurs d'université une interview qui restera à tout jamais gravée dans ma mémoire.

J'avais bien entendu préparé tout ce qu'en matière de politique internationale, culturelle, un attaché d'ambassade peut servir de cuisine lors d'un tel repas.

J'avais tout envisagé, tout préconçu.

J'avais été un idiot car la vie est fille du hasard.

La première question posée par mon académique interlocuteur fut « Que préférez vous, la démarche des Françaises ou celle des Brésiliennes ? ».

Je fus à la fois interloqué et séduit par cette question. C'est la vie qui frappait. La vie et son bras hasardeux.

Je répondis que tout dépendait de la vitesse à laquelle on suivait la dame marchant, j'eus ce réflexe, peu importe.

Aujourd'hui, parvenu en Russie, je veux comprendre la question de mon docte intervieweur.

En effet, une ville, c'est d'abord, sans doute, une démarche et son désir, la conjonction étrange du passage et du regard que sur ce passage porte le désir.

Je ne sais si je préfère la démarche de la passante de France, du Brésil ou de Russie. Je maintiens que tout dépend de la course du désir derrière la démarche.

Je sais seulement que ces démarches définissent une vérité permanente de l'espace en tant que, loin de se contenter de s'y promener, elles en émanent comme la roche des bouillonnements du sous-sol, l'architecture de la roche.

La démarche est une floraison de la rue, elle ne vaut pas tant comme mouvement que comme signalement de la permanence, sous le mouvement, d'une fixité, celle de l'avenue, de la ville, de ce dont elles émanent : la « lave » politique, sociale, historique.

A Paris, si je m'attable, je vois que des dames marchent ou courent avec certitude, qu'elles vont leur chemin vers un but qu'une raison folle a rendu sûr. Qu'elles marchent ou courent vers un point peut-être sûr qui rend presque accessoire le chemin.

A Porto Alegre, si je m'attable, je vois sinuer et bondir, « samber », la marche ou la course de dames sur un chemin qui vaut pour lui-même puisque l'incertitude de la voie rend le but presque accessoire.

A Ekaterinbourg, si je m'attable, je ne vois ni marche ni course mais la séduction de la légèreté toujours chorégraphiée de celles pour qui le ciel et la terre se sont fondus en une nue belle et dangereuse.

L'OEIL D'ODILON REDON

Pour Bernadette Février

La peinture, c'est entendu, est affaire de regard. L'on n'a rien dit, disant cela. Regard du voyant porté sur le Monde, son apparence, son contenu phénoménal, regard porté sur les sous-tensions du monde, sur la vérité qu'il offusque ou qu'il désigne en creux, regard sur les temporalités relatives de la présence ou sur la permanence de l'être dont la présence garantit l'apparition ici et maintenant, *là*, comme sa condition d'éternité?Regard de l'aveugle, cher à Jacques Derrida, peignant la résonance en soi du monde ?Regard du peintre convoquant le monde, regard du monde convoquant le peintre ?Peindre, c'est interroger les conditions d'une rencontre entre les mille modalités du regard comme acte. C'est interroger les conditions d'émergence d'un regard possible par la répétition d'un geste intercalaire, saisi entre deux fois deux regards, ceux qui émanent de la relation du sujet au monde, d'une « phénoménologie », ceux qui encadrent le geste, la touche, le trait, qui relèvent de la relation de l'oeuvre à l'œuvre, du facteur à la fabrique. Le peintre regarde l'œuvre, où s'observent le sujet et le monde, qui le regarde. Un parcours circulaire fait du regard la téléologie, l'à venir de la peinture. La peinture forme cercle, elle défile du regard au regard : an centre de ce cercle, où le regard ne se perd que pour se retrouver, est une matière inquiète, remuée, comme en suspens sur elle-même, en quête de soi, dont l'à venir est la fondation d'un regard. La peinture fait cercle du regard au regard et ce cercle est traversé d'ombre. En chacun de ses points elle fait cercle, dans ses profondeurs elle fait cercle. Elle est mille cercles articulés du regard au regard. Comme elle forme cercle, comme ce cercle est fait de mille cercles aux orientations distinctes, elle forme globe. Elle est un globe où travaillent des forces intranquilles. La peinture est comme l'aliénation, la traduction en formes extérieures au sujet, de cet œil où la nuit et le jour indistincts se déclinent en objets, en éléments contigus et articulés d'un monde, pourvu que l'œil, en quelque sorte, « revienne à lui », circule au monde et revienne y former l'œil avant que d'y circuler à nouveau. L'œil du peintre a ceci de particulier, en quelque sorte, qu'il se « forme l'œil », qu'il se consacre tel, le regard du peintre est un regard qui, dans une boucle, travaille en soi le regard. La peinture est un espace où circule un œil qui veut voir, un œil qui va chercher et qui revient à soi, qui vagabonde et qui rappelle à soi, dans cette étrange tension entre appartenance et liberté qui fonde la conscience. La peinture est affaire de présence relative de l'œil au monde, une "histoire de l'œil" qui est un peu celle du fils prodigue des évangiles. Pour peindre, il faut qu'au monde soit un œil qui s'affranchisse et, s'affranchissant, affirme son appartenance à l'œil. La peinture est concession relative par l'œil d'un œil au monde. La splendeur des premières œuvres d'Odilon Redon exposées au Grand-Palais tient dans ceci qu'elles figurent, en quelque sorte, la racine de l'acte pictural, cette division du regard, qui en fait l'enfant aventureux, farouche, capricieux mais paradoxalement fidèle et sédentaire, du regard. Qu'elles figurent cet œil dont le centre est partout, qui se clôt pour être du monde ou bien qui s'ouvre pour revenir à soi. *Dont la circonférence est la pensée du peindre.*

Emmanuel Tugny

L'EMPEREUR DE CHINE ET LES PERROQUETS

Pour Arnaud T.

L'Empereur de Chine, militant du Parti socialiste français, s'ennuyait à mourir.

Un jour, n'en pouvant plus, il fit mander son majordome.

« Je m'ennuie à périr, mon ami, que puis-je faire pour que la vie ne me pèse pas autant qu'elle me pèse ? »

« Concevez, prenez part, militez, suscitez l'espoir, changez la vie ! »

« Oui… »

« Repensez le système ! »

« Oui… »

« Inventez des possibles ! »

« Hum… »

« Jouez à être audacieux et responsable : nous avons des jeux pour cela. »

« Hum… »

« Reconquérez un électorat, une jeunesse, le prolétariat, les classes moyennes : nous avons aussi des jeux de société pour cela ! »

« Vous savez bien que ces jeux-là ne m'amusent plus guère... »

« Ou bien choisissez un perroquet, rien de plus amusant que la compagnie d'un perroquet. »

« Voilà une idée, en effet ! »

Et l'équipage de l'Empereur de s'ébranler vers la boutique de l'oiseleur.

L'oiseleur salue l'Empereur et sa cour et introduit le souverain dans une pièce isolée du reste du bâtiment par une ample tenture.

Dans cette pièce marmonnent, sans souci d'harmonie, nombre de perroquets.

Lequel choisir ?

L'Empereur désigne un superbe oiseau bleu et en demande le prix.

« Celui-ci, votre majesté, vaut 15000 pièces d'or ».

« C'est affreusement cher, pourquoi cela ? »

« Le perroquet qu'a désigné votre majesté a inventé la sixième république... »

« Soit : et ce beau perroquet jaune, qui semble s'amuser de tout ? »

« Celui-ci, votre majesté, vaut 150000 pièces d'or. »

« Tiens, pourquoi ? »

« Ce perroquet jaune dirigea longtemps votre parti. »

« Je vois : et celui-ci, cette merveille rouge ? »

« Celui-ci, votre majesté, vaut 15 millions de pièces d'or. »

« Pourquoi cela ? »

« Le perroquet que pointe du doigt votre majesté a instauré les trente-cinq heures… »

« Tout ceci est hors de prix, pour un perroquet… »

« Voyons : et celui-là, ce perroquet gris, qui est bien terne, il ne doit pas valoir bien cher…»

Celui-là vient d'Amérique, il vaut 150 millions de pièces d'or…

« Mais enfin, pourquoi donc ? »

Je n'en ai aucune idée, dit l'oiseleur, mais les autres l'appellent « Maître »…

L'ÉGLISE CATHOLIQUE, LA VIE, LE BRESIL

L'on peut à bon droit avoir du mal à comprendre l'indignation quasi générale, soudaine, ponctuelle, qui a répondu à la nouvelle de l'excommunication de la mère brésilienne responsable de l'avortement de sa fillette de neuf ans, violée par son beau-père, de cette fillette qui a perdu deux jumeaux.

Ce n'est pas que l'indignation ne soit justifiée, elle l'est assurément mais elle est surprenante comme ponctuelle, comme exception d'un silence complice plus continu à l'endroit d'une Eglise catholique dont le moins que l'on puisse dire est qu'elle a coutume de « persévérer dans son être »…

Négationnisme et vichysme accueillis à bras ouverts il y a quelques semaines, prospérité nouvelle du créationnisme, affaire de Recife, tout communie, si j'ose dire, dans la confirmation de ce que l'Histoire a dit de l'Eglise catholique.

Et l'Histoire en a dit que sous couvert de défense et d'illustration du vivant et de l'amour du vivant, elle défend en réalité de l'Idée, de l'Idée de la vie, de l'imagination, de la poésie du vivant qui est un fantôme, un ange de vie mais qui est de l'ordre de la « vie morte ».

L'Eglise catholique (son vaisseau amiral) goûte la mort de la vie et celle de la mort quand elle est de l'ordre de la vie. Ce n'est pas la vie que défend l'Eglise catholique mais l'imagination « toute romaine », l'idéation qu'elle en façonne. On peut aimer ou abhorrer cette idiotie (au sens grec, cette « fermeture à un savoir ») mais on ne peut pas se tromper sur elle. Et quand on l'abhorre c'est continûment qu'il s'agit de s'indigner.

L'Eglise catholique défend depuis toujours une conception arrêtée de la vie (comme la flèche du sophiste qui nie le mouvement en passant de point fixe en point fixe) qui est la contradiction même de la vie comme mouvement, champ erratique de forces, comme errance tragique. Elle défend la vie morte, elle hait la vie vivante et sa gigue, elle promeut l'Eternel et vomit la mort qui est part de cette vie qu'elle vomit. On ne peut guère en attendre autre chose sauf à penser son non-être.

On ne pouvait attendre de l'Eglise catholique qu'une attitude, celle qui consistait à préférer la vie encore absente, la vie pas encore de la vie, la vie pas tout à fait vivante, la vie peut-être un peu morte, la vie problématiquement vie, celle des jumeaux, à la vie présente, de la vie, tout à fait vivante, assurément vie, de la petite fille qu'un accouchement eût condamnée. On ne pouvait en attendre autre chose, sauf à vouloir que l'Eglise fût autre chose que son être, un non-être de l'Eglise qui serait l'Eglise, ce qui est, au sens strict, impensable, c'est-à-dire non-pensable.

Il n'est pas étonnant que l'affaire soit brésilienne (et savoureux que l'excommunication soit justifiée par tel Cardinal dont la traduction littérale du nom est « Jean-Baptiste Roi », c'est-à-dire un nom convoquant la vision surréaliste d'une tête coupée portant couronne, d'une mort refoulée, d'un déni de cette vie qui est aussi faite de mort).

Il n'est pas étonnant que l'affaire soit brésilienne : quelle terre de mission plus excitante pour le catholicisme sous ses divers avatars également hostiles au vivant vivant, que ce pays de la vie radicale, de son beau désordre tragique, de son hasard glorieux, source d'allégresse et de mélancolie ?

Emmanuel Tugny

ADIEU FOULARD

Pour N.L.

Une expression, très nationale d'identité, acquiert chaque jour devant nos yeux plus de pertinence : *« je te connais comme le fond de ma poche ».*

En effet, chaque jour davantage, le Réel, sans cesse de vivre au dehors sa vie de Réel du dehors, semble en même temps progressivement disparaître, comme fatalement, pour entrer en nous en passant par la poche, façon de dernière étape d'un parcours vers l'entrée du monde physique en soi.

Le passage obligatoire par cette dernière étape en fait le lieu de l'exercice de la connaissance par excellence. Nous y avons notre mémoire (Google), notre bibliothèque (e-books) notre discothèque (Deezer), nos amours et amis (Facebook), notre enfant (le fameux "Tamagoshi"), notre parcours de santé, notre trésor, notre galerie d'Art, j'en passe...

Qui connaît ma poche me connaît, j'y suis : mes proches, mes goûts, mes facultés, les produits de mon idéation, tout y figure... en France, une entreprise amusante a fait l'objet d'une condamnation, qui voulait lancer dans le commerce une marionnette présidentielle... le monde du dehors résiste encore mais pour l'essentiel, la modélisation présidentielle est réalisée, Sarkozy est déjà surtout un mouvement sur l'écran, Kadhafi la pathétique animation circonscrite de cristaux liquides.

Qui connaît ma poche me connaît, le dehors poursuit sa marche continue, en modernité, vers l'"*intus*", l'intérieur : il ne suffisait pas de penser le monde, de le convertir en idée, il fallait sans doute que le monde lui-même, *physiquement*, entrât vraiment en soi...Un autre élément du décor est en marche vers notre poche : la prison, le monde carcéral, les cloisons placées entre le sujet et le Forum, entre l'individu et la Cité. Il y est parvenu sous la forme du bracelet électronique faisant prison lorsque des libertés conditionnelles supposent un suivi policier du détenu peut-être encore dangereux.

Il y parvient plus lentement sous une forme plus aérienne et pour tout dire plus féminine : le Niqab, le voile intégral...

Voilà un élément du monde en route vers la poche : l'incarcération portable, voilà l'idée, l'affirmation de la liberté de culte par l'emprisonnement transportable, voilà la détermination de l'idée...

Je me rends compte, écrivant, qu'il faudrait, pour que la prison portable en tissu poursuive son cours vers la poche, que les dimensions physiques de la prisonnière se réduisent également, à proportion, peut-être, de l'idée que s'en fait son geôlier... le regretté styliste britannique Alexander Mc Queen l'a brillamment montré au cours d'un défilé : allez réduire le Niqab sans réduire la femme, vous obtiendrez Lady Gaga...il faudrait, pour que le Niqab, à son tour, soit "de ma poche" que la féminité le fût également... il faudrait une femme de poche pour que sa prison fût de poche...une femme intérieure pour que le Niqab fût intérieur... il faudrait, pour que le voile intégral passe le cap de la peau , que la féminité passe, passe *physiquement*, en nous... c'est pourquoi, sans doute, il ne passera pas ce cap... il n'y avait donc aucun inconvénient, au champ et au nom de la modernité en route vers la poche, à décréter sa volatilisation !

Adieu, foulard. Bon vent du large !

WIKILEAKS ET LE SAGE INDIEN

Pour Caroline G.

Un intellectuel américain quitte la grande ville et s'établit dans une vallée. Vient l'hiver et il ignore combien de bois il lui faut couper pour se chauffer. Comment savoir si l'hiver sera rude, cette année ? Au village tout proche, on lui indique que là-haut, sur la montagne, vit un sage indien, dans un tonneau, qui sait toujours avec quelle rigueur frappent les hivers.

L'intellectuel coupe du bois pour que sa famille soit au chaud mais, ne sachant quand s'arrêter, il se résigne à faire à pied le très long, le très fatigant chemin de pente qui mène au tonneau dans lequel vit l'Indien. Il le salue et lui demande « Ami voyant, l'hiver sera-t-il rude ? ». L'Indien regarde en direction de la plaine où est établi l'intellectuel et lui répond : « hiver sera rude ». L'intellectuel s'en retourne chez lui et coupe beaucoup de bois. Mais voilà qu'il a un doute, un doute philosophique ("le sens de ce qu'on fait", etc.).

Est-ce bien assez ? Peut-il cesser ? Il se résigne à refaire le long et harassant chemin qui mène à l'Indien. Il le retrouve assoupi dans son tonneau et lui demande « Ami voyant, l'hiver sera-t-il rude ? ». L'Indien regarde en direction de la plaine où s'est établi l'intellectuel et lui répond « hiver sera *très* rude ». L'intellectuel s'en retourne chez lui et coupe énormément de bois. Mais le doute le reprend, ce doute philosophique ("à quoi bon faire ce que l'on fait ?" etc.). Est-ce bien assez ?

Il se résigne à refaire le long et épuisant chemin qui mène à l'Indien. Il le retrouve endormi dans son tonneau, le réveille : « Ami voyant, l'hiver sera-t-il rude ? ».

L'Indien regarde en direction de la plaine où est établi l'intellectuel et lui répond « hiver sera *très très* rude ».
Alors l'intellectuel demande à L'indien : « mais enfin comment le sais-tu ? »

Et l'Indien lui répond : « Quand blanc couper beaucoup de bois, hiver très rude ».

Un journaliste écrivant un article sur l'arme nucléaire iranienne frappe à la porte d'un diplomate pour obtenir quelques informations sur les conceptions de son pays en la matière.

« Ami diplomate, la situation est-elle inquiétante ? »

« Situation très inquiétante ».

« Mais comment le sais-tu ? »

« Quand journaliste rencontrer diplomate pour écrire article sur Iran, situation Iran très inquiétante. »

Le diplomate demande au journaliste de ne pas le citer.

Le site Wikileaks s'en chargera, qui nous offre pour l'essentiel[9], jour après jour, une fameuse revue de presse.

---

[9] Je n'évoque évidemment pas ici l'affaire Manning. Il y a là, vraiment, et radicalité de la production d'information et radicalité de ses conséquences.

Emmanuel Tugny

YES WE MUST

Pour Eric Brisset

S'il est un sens empirique de l'Histoire, en quelque sorte « subidéologique », « submoral », « subphilsosophique », un sens que l'Histoire des hommes, drapée dans sa superbe téléologique, dans sa foi en un progrès issu du vouloir, peine à confesser, s'il est un sens de l'Histoire après déconstruction de la raison historique, c'est peut-être celui en quoi consiste la marche des corps et des âmes vers une moindre fatigue à vivre, la victoire sur le conatus, le travail sur soi et le monde pour l'être et l'avoir.

Et s'il n'y avait de « raison dans l'Histoire » que ce pas universel vers le « moins endurer » ? Le philosophe Hume aurait vu juste : ne point souffrir constituerait l'horizon éthique de la marche des hommes. Et pourquoi pas, ne point mourir…La forme politique quotidienne prise par cette aspiration universelle au moindre effort est un alliage observable d'aspiration farouche à la liberté individuelle du sujet politique et à son assistance par l'Etat. Souffrir moins, c'est refuser l'exigence de l'Etat et dans le même temps en convoquer la providence. C'est demander son aide à un pouvoir public privé de pouvoir par l'affirmation libre de soi. Car il n'y a de main secourable étatique que produite par un effort du citoyen. L'Etat n'est pas un corps disjoint du sujet politique, il est le produit de son effort. Il est vain, par exemple, de refuser l'imposition et de faire appel à ce qu'elle finance. Il est vain de refuser l'endettement de l'Etat et de prétendre au recours de ce qui crée cet endettement. Santé, éducation, sécurité endettent. Le moindre effort du singulier et du collectif est conséquence de leur effort continu. L'accomplissement du désir politique, le désir d'accomplissement politique ne sont pas sécables du désir et de l'accomplissement de leur contradiction : *la sujétion*. L'être libre ne saurait l'être que comme sujet. La liberté ne s'invente que dans l'aliénation. Le sens de l'Histoire est nourri d'absurde : progresser vers la liberté, c'est y renoncer. Tous les gouvernements occidentaux démocratiques souffrent de cet absurde : aucun d'eux n'emporte une élection intermédiaire. Au « Yes we can » succède en effet toujours un curieusement inadmissible « Yes we must ». Le tragique du politique est là : le rêve politique doit tout à la veille, Utopia est un quartier de Sodome.

Obama un jardin d'Eden…

Emmanuel Tugny

DU FAUX ROSE AU FAUX CHAMPAGNE ?

Il est fort regrettable que la France ait reculé devant l'éventualité d'une composition du vin rosé à partir du mélange du vin blanc et du vin rouge.

L'on eût, optant pour cette aventureuse et post-moderne alchimie, conçu un or oenologique susceptible de faire enfin le joint, si j'ose dire, entre apéritif et souper, dedans et dehors, nord et sud, peuple et bourgeoisie, bohème et établissement.

L'on eût porté sur les fonts baptismaux la sève d'une vie nouvelle, dialectique, fusionnelle, en un mot transgenre. Car le rosé n'est pas le mélange du vin blanc et du vin rouge, il n'en est pas l'équivalent symbolique.
Il est une essence, il n'est pas le dépassement d'essences contradictoires. Le rosé obtenu par alliage de vin blanc et de vin rouge, voilà qui eût signifié de façon énergique la tombée à volonté des frontières sociétales !

De celles que l'on eût voulues : il y eût eu le rosé obtenu par addiction de vilain rouge au bon blanc, de méchant blanc au noble rouge, de picrates des deux espèces, de nectars à l'avenant.

Et de chaque rosé l'on eût fait un symbole. Un symbole de la modernité ravageuse d'identités dépassées. L'on se fût torché au sang pastel de la différence mise enfin à mort. L'on eût été torché et de son temps.

Il est également regrettable que la France n'ait pas devancé la proposition sans doute à venir du monde libéré de ses prés carrés de concilier goût de la perdition et aspiration contemporaine au bien-être radical et à la vie éternelle en obtenant du Champagne par addiction au vin blanc d'aspirine effervescente...

Emmanuel Tugny

LES PIECES DOGON

Il y a quelque vingt ans, j'interrogeai le sculpteur français Patrice Alexandre sur sa définition de la réussite sculpturale. Il eut cette réponse laconique et parfaitement éclairante : « une bonne sculpture est une sculpture qui pèse plus ou moins que son poids ». Les pièces Dogon présentées jusqu'au 24 juillet au Musée du quai Branly illustrent cela, que voulait dire Patrice Alexandre : elles pèsent plus ou moins que leur poids.

Qu'elles émanent du fer, qu'elles pèsent d'un poids ourdi par la terre, et la verticalité filiforme de leur danse hiératique en fait une part de la substance des ciels, une incandescence sans masse, un vol sans retenue vers tels Ethers. Qu'elles pèsent en main, qu'elles soutiennent l'édifice, et les voilà qui s'envolent, lévissimes, vers le plus haut. Qu'elles se gorgent d'une eau taraudée, d'une eau qui taraude, qu'elles pèsent le poids de l'onde et des limons, et les voilà qui se soustraient à l'horizontalité des méandres pour épouser les nues. Elles pèsent souvent moins que ce qu'elles pèsent. Elles sont un fer, une terre, une eau, elles sont des masses pratiquement et symboliquement considérables et cependant, elles s'arrachent à la matière pour participer au passage de ce qui est sans masse, de ce qui est comme arraché à la masse. Plus elles sont ancrées, plus elles s'affranchissent. Plus elles sont de la matière, plus elles en relèvent au toucher, à la pesée, plus elles pèsent le poids de ce qui n'en est pas. Elles ne sont pas où on les attendait, elles ont été ravies par l'Art, elles sont, au sens propre, *ravies*. Elles sont figurations d'une extase de l'élévation. Plus elles sont lourdes comme objet, moins elles pèsent comme œuvres. Mais voilà que dans le même temps, plus elles sont issues d'un bois que sa façon, sa nature, ou son vieillissement, ses enterrements, ses ravinements, ont réduit à son expression la plus fine, plus elles sourdent d'une matière en danger, d'une matière livrée à ses dangers, que sa nature ou son usage ont faite légère, tulle sauvage, sable de tout, plus on les voit s'asseoir, prendre assise, se ficher devant soi dans la superbe d'un poids conquis, d'un poids que l'art a su conquérir. On les attendait évanescentes, perdues pour l'affirmation du règne et de l'emprise matériels, pour le marquage de la présence au monde, prisonnières de leur matière mangée, vidée de sa masse, soustraite à sa propre densité, et les voilà qui posent, à leur aise, qui se « posent là », qui figurent l'empire, la station au monde, la force inouïe de l'être-là. De nouveau, les voilà ravies, elles ont été ravies par l'Art à la ténuité, elles sont, au sens propre, *ravies*. Elles sont figuration de la satiété de la présence. Les trois cents objets, les quelque cent-quarante sculptures exposés au Quai Branly disent cela de la sculpture qu'elle est l'art de faire peser la sculpture plus ou moins que son poids, ou qu'elle n'est rien. Qu'elle n'est au fond rien que cela : *un Art du ravissement*.

Emmanuel Tugny

A QUOI SERT LE PRINCE CHARLES ?

À quoi sert-on quand on ne sert à rien ? S'agissant de l'impavide et rubescent Prince Charles dont la visite est attendue au Brésil avec une très cordiale et chaleureuse indifférence, c'est évidemment la question.

Les sophistes nous apprennent que si le non-être est le contraire de l'être c'est qu'il est quelque chose. Ne servir à rien, c'est donc encore servir, à les croire, à quelque chose. Mais à quoi, good lord ? A une fondamentale chose : ne servir à rien, c'est exercer sur autrui l'influence libératoire de l'innocuité, c'est engager l'autre qui est sans crainte à parler sans crainte ni intérêt, à s'affirmer *«tel qu'en lui même enfin l'éternité le change »* (Mallarmé).
Il est incontestable que le Prince Charles sert à quelque chose, ne servant à rien : il est une caisse de résonance où ses interlocuteurs s'entendent, un miroir où ils se mirent, sans peur ni espérance. Il n'est rien que celui qu'il rencontre, il est une aliénation sur deux jambes de ceux qu'ils rencontrent, il les campe, il les singe, il les clone.

Ne les écouterait-il pas (comment le pourrait-il, d'ailleurs, vraiment : celui qui ne sert à rien n'est pas pour autant un rien d'homme) que cela ne changerait rien, le Prince Charles est un accoucheur spéculaire, le fréquenter, c'est se fréquenter, le rencontrer, c'est se rencontrer, le toucher, si j'ose dire, c'est se toucher...

Il est bien des inutiles, me dira-t-on et qui ne déplacent point autant les foules, fussent-elles distraites... C'est exact mais le Prince Charles ne se borne pas à n'être rien, un rien qui est bon, un rien qui sauve un moment du silence et du mystère de soi.

Il est tout cela armorié, poudré, enguirlandé, endimanché. Il est une chambre d'écho et un miroir que l'Histoire et le désœuvrement, la concentration sur la forme comme fond de ceux que le fond dédaigne pour l'essentiel depuis Cromwell ont enjolivés.

Dès lors, qu'est-ce que le Prince Charles ? L'équivalent animé des ces scènes peintes de foire où les passants venaient passer la tête pour y être photographiés. A quoi sert le Prince Charles : à ce que je me retrouve, le même et superficiellement l'autre, dans le cadre joli, dans le cosy à l'oeillet d'un vernis d'histoire.

Emmanuel Tugny

GHANDI BI ?

À un homme d'état, l'on peut reprocher un nombre incalculable de choses, au champ politique. Les sujets ne manquent pas et la fonction du reproche est d'importance. Le débat démocratique est fait pour entretenir un doute utile et raisonné sur les actes des gouvernants. C'est la dignité des minorités démocratiques de créer des perspectives, de faire naître des échos, de faire exister l'acte politique majoritaire comme reflet de lui-même, de lui donner deux sens, de faire à la fois entendre sa dignité et son indignité, d'associer l'idée de politique à l'idée de choix : choix de l'acte, choix de la vérité. La dignité des démocraties est d'instituer une vérité *majoritaire*. Une vérité tangible mais relative, une vérité du plus grand nombre. La démocratie ne croit pas à l'existence de la vérité en-deçà du fait politique. Elle ne croit pas qu'il y ait d'autre vérité que celle que crée la donne politique. Elle ne prétend pas, comme les totalitarismes, servir la vérité, elle laisse le peuple la déterminer. Aujourd'hui, la vérité peut être que la liberté du marché doit guider les processus économiques parce que tel en a décidé le peuple. Demain, la vérité sera peut-être autre parce que tel en aura décidé le peuple.

La communauté démocratique définit le vrai, un vrai relatif, un vrai temporaire, un vrai d'ordre humain.

Il y a fort à faire pour incarner la vérité.

Il y a fort à faire pour lui opposer une vérité contraire.

Les minorités ont un travail énorme, au strict plan de la contradiction portée à l'action politique des majorités, et l'enjeu de ce travail est énorme, puisqu'il s'agit pour elles de construire une vérité alternative du devenir d'un peuple ou de peuples, dans des contextes multilatéraux redevenus nombreux et centraux.

Il s'agit pour elles de fabriquer la vérité en déséquilibrant la vérité : ce n'est pas rien.

L'on peut donc à bon droit s'étonner de ce qu'elles perdent un temps précieux à quitter le terrain politique, le terrain du débat consacré à la vision du devenir communautaire, pour fouiller les alcôves, renifler l'oreiller.

Que l'on soit ou non partisan de la vérité politique relative incarnée par Silvio Berlusconi, par exemple, l'on ne peut que regretter, au nom du politique, qu'il ne lui soit plus guère opposé par ses contradicteurs italiens que pudibonderie papiste et féminisme étroit.

Et si Ghandi avait été bisexuel ?
Ma foi, la belle affaire : il eût été bisexuel…

Emmanuel Tugny

ÊTRE L'ART

Pour Henri Barande

"L'Art contemporain est nul" assénait Jean Baudrillard dans un article de 1996. Peu importe que l'on ait bien ou mal compris cet article, peu importe qu'il s'y dise une chose ou son contraire. Le fait est que son titre est resté dans l'Histoire de la critique des formes comme un coup de fouet d'autant plus cinglant qu'il était l'oeuvre d'un militant de la création contemporaine, soudain renégat... c'est injuste, mais c'est ainsi.

Posons que l'art contemporain est nul, qu'il l'est sur le plan moral, qu'il l'est sur le plan physique, qu'il est lamentable et qu'il est absent. Comment se peut-il alors qu'il soit devenu une valeur économique-refuge, l'objet de placements, de spéculations financières, un or plus or que l'or, une pierre plus pierre que la pierre ? Comment la modernité a-t-elle pu faire de la nullité la valeur par excellence, du néant un bien puissamment monnayable ?

C'est que l'art contemporain est la vie même. C'est que l'art contemporain et la vie sont devenus une seule et même affaire. C'est que l'être au monde et l'art sont devenus indistincts. L'économie contemporaine de l'art contemporain signale ceci : ce qui fait valeur, ce qui est valeur à l'âge contemporain, en post-modernité, c'est le fait d'être au monde, le fait, dirait le philosophe Heidegger, d'"être-là"... La vie n'a plus besoin de se reformuler, de s'initier à sa reformulation, de se penser, de se placer à distance d'elle-même, elle ne fait plus valeurs de ses miroirs, de ses images, ni même de son spectacle : être là est tout, le plus longtemps possible (c'est à dire sans doute le moins intensément possible)...Si je suis là, c'est que vaux, je vaux parce que je suis là, mon geste est ce que je vaux, mon mouvement au monde est ce qui vaut, je suis oeuvre et poème, mon oeuvre est mon être au monde, mon geste tire sa valeur de la perpétuation de ma présence au monde qui est valeur.

Vous qui inventiez la vie, changez de métier : soyez-en !!!

Un restaurant japonais à Porto Alegre : une jeune serveuse vient à ma table me demander de lui écrire "je t'aime" sur un bout de papier : elle veut dire "je t'aime" en français à son fiancé. Enfin un moment rare, de vie ou d'art, d'art ou de vie : je vais pouvoir vendre plus cher que cher ces dernières lignes...

Emmanuel Tugny

LE LOUP, LE RENARD ET LES ELEPHANTS

- 229 -

Je repense à *Le Loup et le renard*, cette fable lumineuse de La Fontaine.
Se promenant la nuit, le renard rencontre un puits.

Au fond du puits, un quartier de lune se reflète.

Prenant la lune pour un fromage, le renard s'assied dans l'un des deux seaux faits pour descendre alternativement puiser l'eau.

Il gagne le fond du puits, découvre son illusion, mais il lui est devenu impossible de remonter.

Il est prisonnier du puits, victime des facéties de la Nature.

Comme le renard se désole, le loup approche du puits. Il se penche sur la margelle.

Le renard désigne au loup le reflet de la lune « Bienvenue, viens partager ce fromage avec moi, il en reste une part ».

Le loup s'assied dans le second seau qui descend au fond du puits et permet à celui dans lequel est assis le renard de remonter.

La moralité de la fable est limpide : la Nature nous trompe, le réel est le règne des apparences, la vérité n'est qu'un décor, l'évidence est un mystère.

L'homme, apparence parmi les apparences, est victime de la farce d'un créateur -ou d'une apparence de créateur- moqueur.

Même celui qui crée l'apparence, le conteur, est victime de la farce.

Mais il est au moins capable de s'amuser aussi, et de ne pas être seulement le contemplateur passif des plaisanteries de la vérité. Il est renard et pas loup, sa capacité à faire fiction en fait une sorte de dieu immanent, de dieu terrien, de créateur « physique » -et non métaphysique- du monde.

Aujourd'hui, la contemplation est reine. Nous contemplons.

Nous contemplons des vérités produites au-delà de nous, économiques, politiques, écologiques, des vérités qui sont autant d'apparences produites par autrui.

Nous voyons peut-être le fromage où il y a la lune.

Nous avons renoncé à faire nos histoires, à faire notre Histoire, à opposer des fictions aux fictions, à nous emparer de la maîtrise des apparences, à *changer la vie*.
Nous contemplons les vérités d'un renard sans circonscription, d'une option mondiale grimée en irréfragable réalité : nous sommes loups.

Nous observons des visions, nous n'en formons pas.

Si le temps contemporain est totalitaire, c'est qu'il a démonétisé la fiction, l'invention du sens, au profit de l'action, de la réaction et de l'observation, au point que nous ne le pensons pas capable de s'abaisser à être un conteur, au point que nous ne lui faisons crédit qu'en tant qu'il nous semble voyant.

Le renard peut rire à loisir de nous voir assis au fond du puits, révisant, pour les mois à venir, le projet présidentiel du Parti socialiste...

UN PHILOSOPHE DU CONTEMPORAIN

Plotin, philosophe romain né en Egypte (205-270), fondateur du néoplatonisme, soutenait que tout le projet humain consistait à reconstituer l'unité fondamentale du monde.

Le monde, issu de l'Un, devait selon lui se connaître issu de l'Un et retrouver l'unité perdue ou plus exactement l'unité cachée sous la diversité superficielle des éléments du monde.

Si le tissu qui compose le monde est superficiellement varié, sa matière est une, nous dit Plotin, et c'est le retour à l'unité radicale qui fait d'une vie d'homme une vie pleinement vécue...

Je résume, je simplifie, je veux faire un avec Plotin...

Le monde contemporain aussi veut faire un avec Plotin. Il voudrait être l'Un. Il voudrait être un monde un, fait d'une même farine, d'une même argile, il voudrait abolir les espaces discriminés en inventant une unité des systèmes, des pensées, des visions, des corps, des langues. Rien de plus "naturel" pour le monde que de vouloir être un monde et non un agrégat de réalités distinctes... Sans le savoir, il se fantasme plotinien, le monde : il entend venir à bout des identités en découvrant sous les différences, sous la surface bigarrée du monde physique et humain, une matière commune à visage économique, social, politique, culturel, sexuel, corporel, linguistique, écologique, un Un du monde.

L'homme est mondial, le monde est global, le globe est universel. L'homme est un démocrate capitaliste modéré, le monde un champ où terre, ciel, mer et sous-sol sont conçus et vécus comme indistincts, l'univers est encore un territoire du monde où le monde cherche son équivalent.

Plus près de nous, l'homme parle l'anglais d'Amérique, les vaches et les poules mangent de la viande et le sous-sol pétrolifère se mêle à la mer et chaque jour davantage au sol (et chaque jour davantage au ciel en clouant les oiseaux sur place) grâce aux efforts plotiniens louables de British Petroleum. Le grand mélange ! La marche vers l'Un !

Et Fukushima de prendre chaque jour davantage, depuis son invisible dilution, la dimension du monde : avanti !

Les retraités américains ont des employés grecs en Grèce puis des employés grecs au chômage ; les retraités américains remettent au travail des retraités grecs, ils suppriment partout en France des emplois de professeurs, de postiers, de policiers ou d'infirmiers. Les retraités américains ont dans le monde entier des gouvernements démocratiques démocratiquement élus pour servir, "comme un seul homme", leur cause. Le monde est à ce point un que si l'on n'y est pas heureux, bien malin si l'on sait à qui s'en plaindre. Les têtes et les derrières des bourreaux sont innombrables et indistincts : quelle tête couper, quel derrière botter ?

Le fonctionnement des bombes contemporaines lui-même repose sur l'exploitation de l'unité matérielle : une bombe moderne n'est pas un corps étranger à son champ d'action, elle se contente d'y activer une matière extérieure dont elle même se compose.

Ainsi du cancer, la maladie contemporaine par essence...

Au fond, plus j'y pense, plus Plotin m'est étranger... Autre...

Emmanuel Tugny

NOUS NE NOUS AIMONS PLUS

En droit de la nationalité, on le sait, deux conceptions s'opposent, au fond. L'une considère que la nationalité est produit de l'origine ethnique, linguistique, culturelle, géographique, du sujet. Elle promeut la race, la langue, l'habitus, la terre, l'Être. Elle distingue par naissance un individu comme « national ».

Elle promeut le droit du sang.
Là où prévaut cette conception naturaliste, "ontologiste", opère le droit du sang, c'est-à-dire le droit de tenir l'autre comme irréductiblement autre et singulier et de se définir d'autre part, comme irréductiblement autre et singulier.
Vienne une crise qui angoisse et cet autre singulier de l'autre singulier devient volontiers, quand il partage un espace donné, l'intrus inférieur d'un propriétaire supérieur. Alors prévaut le droit du *sang*, celui qui des veines passe en terre.
L'autre conception considère que la nationalité est produit juridique, démocratique, résultat du choix politique d'un territoire donné. Elle sait concéder la nationalité depuis un attachement second, celui de fait du sujet à une terre autre que celle où il est né, où se parle sa langue, prospère sa coutume, se féconde sa terre. Elle la concède depuis le constat d'une présence sur son sol. Comme un fait de droit, elle la décrète. Elle promeut le droit, la politique, le territoire, l'Existence.
Elle « indistingue » depuis le droit.

Elle promeut le droit du sol c'est-à-dire le droit de tenir l'autre, le différent, comme même et solidaire et de se définir d'autre part, comme même et solidaire.

Vienne une crise qui angoisse et ce même du même devient volontiers la fraternité surprenante et qui rassure d'un frère surprenant qui rassure. Alors prévaut le droit du *sol*, celui où, comme au carnaval, l'autre et le même dansent comme un même.

La France a, aux yeux du monde, consacré ce second droit. L'on y est le même étant l'autre.

Du point de vue de sa politique de nationalité, elle est cela, au monde.

Dans les années 1930 et sous l'occupation, le fascisme français nommait « anti-France », toute conception internationaliste, voyageuse, errante, de l'appartenance.

Nommait « anti-France » la France, en somme, était l'anti-France en la dénonçant chez l'autre.

Ces temps sont heureusement révolus et l'on se contente, aujourd'hui, en France, par l'expulsion, la déchéance, le signalement administratif discret, l'organisation de la prolifération censément opportune et fine de débats insidieux, de pratiquer sans dire, de faire sans « en connaître »…

Il y a quelque chose d'étrange à voir notre pays s'évertuer à ne point être ce qu'il est. Il y a quelque chose de comique et de pathétique à le voir s'essayer à une définition de son identité en la mettant en pièces.

Il semble que nous ne sous aimions plus.

Il semble que le temps revienne, irrésistiblement, du règne de ceux qui aiment que nous ne nous aimions point.

Emmanuel Tugny

JUSTICE ET FORMATION CONTINUE

L'on ne peut que déplorer la décision de la justice suisse de condamner à la prison (à deux ans) et à une forte amende (à 45 000 euros) un assureur suisse retraité (pléonasme ?) parce qu'il avait volé près de 900 bicyclettes en six ans.

En effet, il ne peut avoir échappé à la justice suisse davantage qu'à la française que l'époque est à la vie professionnelle d'une vie, à la retraite sous pissenlits, au pot d'adieu à la bière.

Il ne peut avoir échappé, fût-elle de mauvaise foi (mais comment l'être quand on est de foi réformée ?) à la justice suisse que l'entreprise du post-moderne septuagénaire ressortissait à une conscience professionnelle laminée, étirée, prolongée de sorte qu'elle dure autant que dure la vie professionnelle post-moderne : une vie.

Et si j'ose dire « *ni plus ni moins* ».

« Une conscience professionnelle tout au long de la vie », voilà l'idée, voilà l'idée réformée réformiste injustement gourmandée.

Ainsi, nous évoquons un assureur si assureur que, dans un geste probe réitéré, il s'est établi (comme l'on s'établissait une fois mai 68 liquidé) voleur, c'est à dire susceptible, les techniques du vol apprises du dedans, de mettre en garde ses clients et, les ayant mis en garde, de leur faire grief de leur imprudence, leur refusant l'indemnisation.

Nous évoquons en outre un assureur qui a pu, le nombre de ses prises aidant (sacré échantillon qu'une flotte de 873 bicyclettes !) devenir un spécialiste de ce redoutable deux-roues, de ce tombeau roulant, de ce Moloch si mécaniquement hostile à l'assureur.

Nous évoquons un assureur, enfin, qui, fraudant le fisc, a su étudier « sur le motif » les techniques de gauchissement de ces revenus dont l'exactitude est si déterminante en matière de montant des polices et dans le même temps les techniques financières d'affaiblissement des pouvoirs publics, cet affaiblissement si déterminant en matière de choix par l'assuré anxieux des prestations...

La justice suisse est humaine, qui ne se borne pas à être suisse : elle a failli. Oublieuse de la donne sociale post-moderne, elle a asséné un soufflet (suisse) à la formation continue tout au long de la vie...

Emmanuel Tugny

LE NOUVEAU NOUVEAU MONDE

Il y a bien des leçons à tirer de l'élection à la présidence de la République fédérative du Brésil de Dilma Roussef, de son exercice décomplexé du pouvoir ; et il y a certes une leçon à tirer de l'ensemble de ces leçons. Voilà qu'un pays-continent, qu'une démocratie monumentale, de culture – quoique missionnaire- catholique et romaine, a porté à sa tête une femme. L'on peut se faire à tout, au temps de l'abondance informative, mais il est bon de lutter contre ce flux pour observer candidement *ce qui est* : de la même façon que l'élection d'un métis à la tête des Etats-Unis faisait jalon historique, l'accès d'une femme aux plus hautes responsabilités d'une des principales puissances émergentes et d'une puissance, quoiqu'officiellement laïque depuis 1891, empreinte de catholicisme, a fait événement, étape, rupture, en un mot Histoire. Voilà qu'une pratique "dilmienne" du pouvoir prolonge, depuis quelque cent jours, l'événement, qui n'est point celle d'une pâle épigone.

Voilà également qu'un pays récemment démocratique confirme aux yeux du monde sa capacité à inscrire son cheminement politique dans une continuité de fait qui traduit un rapport adulte du politique au réel. Si les options de gouvernance sont multiples, elles ne sauraient faire l'économie de l'observation du réel, d'une donne irréfragable avec laquelle la vision politique entre en dialogue. Cette prise en compte du "corps du réel" crée de fait une zone de contiguïté entre les visions politiques qui s'opposent au champ démocratique et, limitant les oppositions "infantiles" (au sens de Lénine) d'autant, instaurent une continuité relative et salubre de l'Etat. Voilà en outre que la continuité « réaliste » de fait (Fernando Henrique Cardoso-Lula-Dilma) et naturelle (Lula-Dilma) n'interdit pas au Brésil d'opter, seul géant mondial à le faire, pour une politique de troisième voie sociale, économique, stratégique, énergétique, « providentielle tempérée », à rebours de celle qui malmène la plupart des populations européennes, par exemple.

Ainsi, le Brésil forge une classe moyenne quand l'Europe, pour sa part, oeuvre à son délitement.

Voilà enfin que la victoire de la candidate à quoi s'opposaient avec force les tenants d'une sécularisation des églises ou d'un interventionnisme de l'option cultuelle au cœur du politique, voilà que son exercice de la présidence, attestent que le temps n'est pas venu pour le Brésil d'abdiquer sur le terrain de la laïcité. De préférer, de stigmatiser, de désigner comme distinct tel ou tel de ses cultes, en un mot, de se reconsidérer, comme Etat, intéressé au fait religieux, sur le mode néo-français.

En somme, voilà que le Brésil continue à lutter sereinement, opiniâtrement, victorieusement, contre un "lui-même", pour incarner le moderne, mieux, pour, l'incarnant, lui fixer un cap original, inventer une modernité du moderne.

Le voilà devenu, pleinement, le « nouveau monde » ...

Emmanuel Tugny

D'UN SILENCE MENAÇANT

Au champ du Droit, une étrange inversion s'est opérée ces dernières années, qui me semble devoir être examinée depuis le rapport général de la Cité à la Polis, depuis la relation critique de la collectivité à son "être au monde." Le Droit, comme tout corps de verbe, est quadrature du néant, du silence, Logos d'un Chaos, tracé noir sur page blanche, construction sur rien ou, ce qui revient au même, sur les contradictions des catégories morales. Il dit autant depuis son plein, depuis ses choix, que comme encadrement du vide, c'est-à-dire depuis son vide ; il parle, comme la musique parle du silence, la peinture de son support, l'architecture du naturel, le cuit du cru ; il définit, en y construisant, des aires de vacuité, des espaces vacants, et ces espaces, comme le silence qui succède à Beethoven est encore de Beethoven, sont un effet de Droit, sont une dimension éminente du Droit.

Et que dit aujourd'hui ce silence des « solitudes » du Droit, ce sous-entendu de l'entendu, du "prononcé", qui fait nouveauté ?

Il dit que ce qui n'est pas énoncé en droit n'est plus, comme autrefois, autorisé par principe et coutume mais bel et bien interdit par principe et coutume. Ce qui n'est pas articulé de jure est prohibé de facto. Ce que la loi n'interdit ni n'autorise n'est point autorisé par ce silence mais interdit par lui. Le silence n'est plus le lieu et l'occasion, le « kairos » grec d'une liberté, d'une aventure mais un espace menaçant, un espace de l'empêchement tacite. Le silence du droit n'est plus sourdement complaisant, il est sourdement comminatoire.

Ce qu'on ne m'interdit pas de faire, je le faisais, je ne le fais plus.

Voilà que je ne sais plus, par exemple, si je dois ou non fumer où il ne m'est pas interdit de le faire...voilà que je ne sais plus au juste si je puis ou non punir un élève lors qu'aucun arrêté ne prohibe cette décision...voilà que je ne sais plus au juste si je puis piétiner cet espace gazonné devant quoi ne figure aucun panneau d'interdiction... voilà que je ne sais plus au juste si je puis m'opposer à l'ordre d'un supérieur hiérarchique quand rien ne s'y oppose en termes légaux...

Voilà que mes bateaux s'interdisent d'être ivres...

Quelque chose en l'époque y a instauré une peur du vide : de son « inquiétante étrangeté » (de son « *unheimliche* »), peut-être, en un monde si névrotiquement convaincu de sa finitude...

Emmanuel Tugny

MARIANNE EN CENDRILLON

Les mots ne veulent pas nécessairement dire grand-chose. Les secouer dans l'air ou le vent du temps n'ajoute point à leur signification, ne remédie en aucune façon à leur « insignification ». Le sens des mots gît au cœur de l'expérience des sujets.

Tenter de forcer un mot à faire sens en un esprit où il n'a pas ou plus cours est aussi vain que de servir l'hostie à l'incroyant, que de convier celui pour qui la madeleine n'est qu'un gâteau beurré à retrouver l'enfance en y goûtant.

A l'occasion de la préparation tragiquement dodécaphonique du second tour des élections cantonales, la mode est à la convocation à l'envi du couple « république/républicain ». Et cela est certes vertueux car il n'est pas pour une république d'autre étiage lexical que ce couple de mots-là.

Mais tonitruer « république, front républicain, attitude républicaine, vote républicain », est-ce toucher à l'entendement, est-ce se faire comprendre ?

Encore faudrait-il pour se faire entendre, que quelque chose se fût inscrit, en le cœur de l'électorat, de ce que signifie le mot « république ».

La République y a-t-elle veillé ?

A-t-elle veillé à ce que l'idée de l'organisation étatique d'une communauté des destins s'inscrivît en les esprits ?

Y a-t-elle veillé, à l'école, dans les zones d'influence des services dont elle a la charge ?

A-t-elle veillé à ce que les propos publics de ceux qui en incarnent le destin se rapportent avec insistance à l'idée de communauté démocratiquement choisie des existences, des identités et des destins ?

La République, en somme, a-t-elle fait en sorte, depuis qu'elle a renoué avec elle-même, la guerre passée qui l'a vue disparaître, que le mot « république » trouve, en les occupants de la Cité, un écho ?

Il y a, en France, des partis républicains dont la responsabilité objective est de préférer activement le sens du bien commun, de la part commune, de l'identité collective, de la conception d'un « même relatif », de la définition juridique (édictée depuis le droit) de l'être national, au soulignement des ruptures identitaires, au signalement des particularismes et des particularités, à la désignation obsessionnelle d'un autrui, à une définition « ontologiste » (édictée depuis le sang) de l'être national.

Et puis il y a les autres.

Ceux-là ont tout à gagner du renoncement des partis républicains à s'exercer avec constance à une pédagogie de la vertu républicaine, à l'incarnation dans la pratique du pouvoir de cette vertu-là fondée sur l'alliance de la démocratie et d'une autorité démocratique nourrie du sens de l'identité d'autrui, quel qu'il soit.

Le Front National n'est point un parti républicain, ni au regard de son histoire, ni au regard de son rapport à l'éthique républicaine. Son propos n'est certes pas de fonder une communauté mais d'y insérer des coins. Il n'est pas de souder depuis la loi, mais de disjoindre depuis le sang, le milieu, ou la classe.

Face à lui, un front républicain objectif se délite par paresse, abandon, renoncement au républicain.

Qu'importe, au fond, les débats regardant les consignes de vote. Ils ne sont que le symptôme ou la conséquence d'une longue et progressive palinodie de la République qui s'est elle-même, au long des années, privée d'ambition républicaine et qui en est réduite, philosophiquement exsangue par sa faute, à prétendre au lieu que de prouver, à assommer au lieu que de convaincre, à répudier ce qu'elle a généré : en un mot, à être ridicule.

Marianne fut bien Cendrillon, qui humblement œuvra à la beauté de Marine…

JE N'AI PAS VOTE POUR BERNARD-HENRI LEVY

- 246 -

La question névralgique posée par les événements en cours dans le monde arabe, la question à laquelle la communauté internationale s'attache à apporter une réponse chaque jour plus déterminée, valeureuse et responsable, est incontestablement celle de la légitimité.

Ceux qui défilent, ceux sur qui pleuvent bombes et mitraille, ceux qui formulent un avenir politique, ceux qui œuvrent du dehors, dans le dialogue, à ce que cet avenir soit ce que veulent les révoltés, puisent au fond à la même source aux deux courants jumeaux, celui du refus de l'illégitime, celui de l'aspiration au légitime.

Le gouvernement français est entré avec ferveur en communion avec ce grand mouvement d'illustration de l'universalité vertueuse de l'ambition légitime.

Il ne pouvait guère en être autrement, l'on eût mal compris qu'un peuple dont l'histoire s'est construite par création et recréation de légitimités toujours plus subtiles, plus fines et partant toujours plus stables, qu'un peuple dont la voix porte depuis cette obsession du légitime, s'absentât de son plateau, de son terrain de prédilection.

La France joue son rôle sur ce plateau, tient sa place sur ce terrain, avec ferveur.

Avec fièvre ?

Peut-être.

Elle a voulu rompre en visière, crânement, l'illégitimité d'un pouvoir sanglant, et entraîné ses partenaires sur ce chemin orgueilleux au sens noble du mot.

Elle a voulu dans le même temps inventer en Libye une légitimité...

Et elle l'a spectaculairement inventée en portant à sa tête, le temps d'une station sur le perron, une figure politiquement illégitime, celle d'un philosophe que la philosophie n'étouffe guère, non plus que la littérature ne bonde sa littérature mais là n'est pas la question...

Il est sans doute bon que les clercs s'efforcent de ne point trahir, il est bon qu'ils nourrissent de pensée, d'âme et de sujet l'action sur la Cité de ceux que la Cité a rendus légitimes. Cela est bon car la légitimité se conquiert depuis l'originalité d'une vision, elle est le produit du charisme d'une illégitimité, de la victoire d'une proposition, d'une thèse, d'un pari, d'un rêve. La légitimité politique est fille de l'avènement d'une pensée, d'une idée, d'une intuition... mais légitimité politique et pensée du clerc ne sont pas substituables.

Je n'ai pas voté, à titre personnel, pour Bernard-Henri Lévy... peut-être le ferai-je un jour car je crois comme lui que le mal est mauvais et le bien meilleur que le mal. Je crois comme lui qu'il est sain de honnir les méchants et de défendre, partout où ils se trouvent, les gentils.

Mais je n'ai pas eu à voter pour Bernard-Henri Lévy.

Or, je ne crois pas que quoi que ce soit m'empêcherait de voter pour Bernard-Henri Lévy.

J'indique que je serais même assez favorable à ce que la pensée hautement substantielle de Bernard-Henri Lévy s'appliquât à l'action ministérielle qui ressortit à la légitimité puisqu'en droit constitutionnel français, le gouvernement est l'émanation directe de l'élection présidentielle.

Mais voilà : si Bernard Henri-Lévy a vocation à indiquer au pouvoir élu qu'il est important que prévale le bien sur le mal, il n'a en revanche pas vocation à se substituer, ne fût-ce que le temps d'une coquette saynète, au pouvoir élu. Au champ contemporain, les images hurlent : elles ont hurlé.

L'on ne peut rien reprocher à la pensée de Bernard-Henri Lévy, l'on ne peut que louer son action, (c'est d'ailleurs peut-être son drame car il ne fut jamais de pensée, d'héroïsme véritables que redoutablement polémiques) mais l'on ne peut que regretter que la leçon de légitimité administrée de concert par les révoltés arabes et la communauté internationale ait connu en France ce tonitruant moment d'absence...

Emmanuel Tugny

PROFESSEURE SAYA

Elle se prénomme Saya, elle dispose d'un bagage lexicologique de sept-cents mots et psychologique de six émotions. Elle est le fruit du travail de quinze ans d'une équipe japonaise menée par le chercheur Hiroshi Koyabashi. Elle est professeur et son tailleur jaune paille, qu'ombre le signalement d'une poitrine accorte, supporte avec une aisance guindée une frange auburn apéritive.

Nous aurions pu, codisciples de tel collège des années Tina Kieffer, en tomber amoureux.

Nous aurions pu la suivre entre les cailloux en forêt de Franchard, aux hospices de Beaune, sur les cimetières américains normands, dans les jardins de Vaux-le-Vicomte, à en perdre le souffle, l'imaginant de chez André Cayatte, amoureuse de notre complexion en germe.

Nous aurions pu la désirer collectivement et chacun à sa façon, à l'envi, désirer en connaître l'intimité, désirer ahaner sur l'ouverture des fibules diverses qui faisaient obstacle entre notre peau et sa peau.

Elle s'appelle Saya et elle est le premier professeur-robot, le premier Golem instituteur de l'Histoire prométhéenne des hommes.

Et soudain voilà que l'on expose devant nous non pas l'académie désirable d'une femme horizon du désir mais l'écorché électronique, le Z-6PO comme épouvanté de notre amour secret.

Voilà que l'image d'un désir de « vivre la vie » le cède à celle de la mort éternelle.

Et quand bien même l'on se ferait à cette idée de la mécanisation de notre vivant poème voilà que notre Eve future se fait moteur roulant des villes, tamagoshi tendineux...

Sous la « maîtresse en maillot d'bain », l'usine...

Sept-cents mots, six émotions, voilà qui suffisait à ce que la libido opérât, qui avait pour objet la peau, ou peut-être le cheminement abrupt vers la peau...

Mais il y avait la peau et la peau de l'enseignante était tant pour l'enseignement... elle était cause de notre solidarité foncière sous les discordances des succès académiques, une solidarité du désir inculte, une belle solidarité fauve...

Plus de peau, plus de concordance des désirs, plus de corps collectif des désirants...

Plus de charisme de la peau, une solidarité discipulaire en moins...

Or, l'école en a ruiné, des solidarités, et au-delà l'espace social...

Chacun pour sa peau, pas pour sa peau à elle...

Chacun pour sa peau et ici et là pour faire à l'autre sa peau...

Un effort supplémentaire consisterait à remplacer dans l'avenir les élèves par des robots. L'école y perdrait peu, qui n'enseigne quasi plus rien et devient chaque jour davantage mémoire ou justification d'elle-même...

Plus de tuerie à l'école alors, comme aujourd'hui à Winnenden, plus d'affirmation violente du vouloir vivre contre les autres, aux deux sens du terme...

Mais l'absence au dehors du souvenir d'une solidarité, d'un compagnonnage des désirs qui contribuera à l'évidence à en susciter d'autres...

Emmanuel Tugny

« SOYEZ RAISONNABLES, NE COUREZ PAS LE RISQUE DEMOCRATIQUE »

- 251 -

Un diplomate égyptien, soutenu par des collègues tunisien et jordanien, affiche publiquement, à toutes les tribunes officielles et médiatiques, sa crainte de voir les élections démocratiques s'organiser en France et au Brésil. Son pays craint, dit-il, qu'à l'occasion de ces élections libres, des extrémistes s'emparent du pouvoir. Il interroge au nom de son Etat la nécessité véritable d'organiser des élections démocratiques en France et au Brésil. La démocratie comportant un risque d'élection de majorités dangereuses, il se refuse à soutenir pleinement les démocraties française et brésilienne. Qui sait, en effet, si la démocratie est souhaitable si elle autorise la communauté nationale à élire librement des pouvoirs que l'Egypte et la Tunisie craindraient, pour telle ou telle raison à elles particulière. Le représentant officiel appelle à la responsabilité des peuples français et brésilien : soyez raisonnables, leur dit-il, ne courez pas le risque démocratique, renoncez aux élections, renoncez à cette démocratie dangereuse qui peut vous conduire à élire ces non-démocrates qui vous gouvernaient avant que les élections existent chez vous...

Voilà une fable, me dira-t-on !

Il est bien inventif, celui qui imagine une telle situation, nous nageons en pleine fiction géostratégique, tout cela ferait un beau roman mais quant au vraisemblable...

Non, point de fiction, ici : depuis un nombre insupportable de semaines, nous assistons en effet à l'incapacité de la communauté démocratique mondiale à se réjouir d'un processus démocratique, celui qui est à l'oeuvre dans le monde arabe. C'est un fait.

Le sourire de nos responsables est figé, nous préférons manifestement l'injustice au désordre, nous n'avons pas confiance en l'aspiration pourtant manifeste des peuples arabes à rompre les liens autocratiques qui les brident.

Nous souhaiterions, semble-t-il, que l'autocratie, que le despotisme, fût-il diplomatiquement éclairé (Moubarak) l'emporte sur les soubresauts de l'aspiration au libre choix. Nous faisons mine de croire que des peuples cultivés, inscrits dans les réseaux de communication mondiaux, courent le risque de passer d'une dictature à l'autre, comme cela fut parfois le cas au temps des frontières opaques.

L'on peut comprendre que quelques dictatures craignent que les phénomènes de révolte démocratique constatés dans le monde arabe contaminent leurs espaces sociaux et politiques mais comment admettre que de vieilles démocraties affichent autant de réserve devant ce qu'ils devraient saluer et applaudir à tout rompre ?

Le vieux monde démocratique semble avoir perdu la tête et avec la tête, la mémoire de ses origines frondeuses, révoltées, radicales. Il accueille avec froideur ses frères à venir. Il agit égoïstement et fort imprudemment car les jeunes démocraties arabes sauront se souvenir du peu de soutien reçu de leurs modèles d'antan...

Le vieux monde démocratique est un monde vieux, il a jadis promu liberté et sécurité, le voici bien moins soucieux de liberté que d'ordre, il ne marche plus que sur une jambe frileuse. Il vend devant nous son âme au diable pour être tranquille.

Et ceci n'est pas une fable mais un épisode honteux de l'Histoire de nos démocraties.

REVOLTE EN ORIENT, LE REVE DE LAWRENCE D'ARABIE

- 254 -

Ce qui vient sous nos yeux d'un pas lent et sûr au-devant de Thomas Edward Lawrence, Lawrence d'Arabie, de Dinard, d'Oxford, d'Aqaba, de Damas et de Moreton, dans une brume d'or à nulle autre pareille, ce n'est pas la beauté dangereuse d'Omar Sharif.

Ce qui vient au-devant de Lawrence, ce n'est pas la marche sereinement cahotante de la monture fantomatique de Shérif Ali Ibn el-Kharish chez David Lean, dans le silence qui succède à la beauté pure des volutes orientalistes de Maurice Jarre.

Ce qui vient au-devant de Lawrence, depuis plus de deux mois déjà, de Tunisie, d'Egypte, d'Algérie, du Yémen, de Bahreïn, de Libye, lentement mais irrésistiblement, c'est son rêve.

En 1916, Lawrence l'universitaire est en mission au Caire pour informer le gouvernement britannique des complots nationalistes arabes contre l'Empire ottoman. Il convainc les tribus arabes (la « *Révolte arabe* », dit-il) de faire bloc contre l'autorité turque. Il convainc des peuples épars de faire mouvement ensemble contre le despotisme. Il le fait contre l'avis de ses chefs, qui voient dans cette constitution de fait d'une nation antidespotique un danger à venir. Il a un rêve et ce rêve est d'abord un rêve vainqueur. A Aqaba, à Damas. Des tribus se liguent, une nation sourd du rêve et de l'amour du savant, du stratège et du poète.

Lawrence va plus loin, il se fait le chantre de l'indépendance de la Syrie, professe auprès de ses interlocuteurs la nécessité d'asseoir la nation arabe sur des principes laïques. Il passe pour fou, il a un rêve. Un rêve d'amour. Ce rêve est le rêve d'un Occidental et certes Lawrence ne peut penser l'unité arabe et sa modernité laïque que dans le dialogue avec l'idée encore résolument moderne de nation. Mais le croisé du moderne a semé un ferment bon. Lawrence quitte le Proche-Orient en 1922. On le soupçonne d'avoir porté le fer, en 1926, sous l'identité de Pir Karam Shah, contre la monarchie afghane, on ne prête de rêve qu'aux rêveurs généreux.

Or, voici que depuis le petit cimetière de Moreton, Dorset, 300 âmes, celle de Lawrence voit venir son rêve, son rêve moderne, dans une brume d'or et de sang.

Si nous avons applaudi aux exploits du Lawrence de Hollywood, nous ne savons pas encore applaudir comme des enfants à ceux des enfants magnifiques de Lawrence d'Arabie. Ceux qui défilent aujourd'hui sous nos yeux pour mettre à bas leurs chaînes anciennes. Peut-être ne savons-nous plus applaudir au spectacle de la grandeur possible des mouvements humains. Soit : réapprenons. Souvenons-nous que nos démocraties sont filles du risque magnifique de superbes révoltes. Trêve de nuances, de réserve, de préventions : avec Lawrence et la rue arabe, rêvons debout !

RELATIVISTES… DOUCEMENT !

Le relativisme est le degré zéro de la conception moderne des relations internationales. Il la définit autant que l'absolutisme, autrefois, définissait la conception ancienne des relations internationales. Tout responsable politique digne de ce nom est, à l'ère contemporaine, convaincu de ce que le dialogue entre les peuples ne saurait se fonder que sur la compréhension, la reconnaissance en soi de l'altérité. Considérer l'autre comme autre est bon et utile. Il est utile de considérer l'autre comme autre si l'on entend qu'il vous tienne pour ce que vous êtes. "Do ut des", je donne pour recevoir, telle est la maxime du diplomate. Je concède à l'autre ma compréhension de sa singularité pour recevoir de lui ce don en retour. Le relativisme, cependant, a ses limites. Winston Churchill, évoquant la démocratie comme "pire système à l'exception de tous les autres", le philosophe empiriste anglais Hume qui considérait que sous la diversité des coutumes, une commune aspiration des hommes à ne pas souffrir faisait lien entre eux, Emmanuel Kant et son impératif catégorique "ne fais point à autrui ce que tu ne voudrais pas qu'il te fît", ont tous montré, en leur temps, empruntant le pas des sophistes grecs, véritables inventeurs de la démocratie, que si la vérité est inatteignable, elle peut faire l'objet d'un choix, que la vérité politique, sous le vernis des différences coutumières, peut être définie comme la vérité majoritairement admise comme telle. Le relativisme a des limites. Elles se font jour, par exemple, à l'occasion de la condamnation à la lapidation de l'Iranienne Sakineh. Que Sakineh soit coupable ou non importe peu. Ce qui importe, c'est que le traitement qui lui est infligé, que la punition ignoble qui lui sera peut-être infligée soient urbi et orbi tenus pour ce qu'ils sont : des dénis d'humanité, des erreurs tératologiques, des errances, des aberrations, des faussetés au regard du bon, du beau, du vrai et du juste qui, s'ils sont relatifs, ne le sont que relativement. Il n'y a pas là coutume, incontestable comme telle mais affront infligé à la conception quasi universelle du bien humain, c'est à dire au bien humain. Soyons relativistes mais ne le soyons pas à la mode pyrrhonienne, à la mode amorale, soyons relativistes, militants relativistes, militants de la diversité des bons, des biens, des beaux, des justes, des vrais mais ne le soyons pas au point d'être aveugles devant l'avènement du mal.

Militons de façon "résolument moderne" pour la libération de Sakineh !

NAVIGUONS

Pour Viviana.

Toute pensée du monde se fonde sur la quiétude du donné. Sur le fait impassible qui questionne, en soi, le monde et soi.

Sur la conséquence étale, sur le point d'orgue dont la placidité préside à l'animation des souffles jumeaux de l'expérience et de la conception, de l'expérience de l'expérience et de l'idéation en soi de la conscience de ce qui a lieu parce qu'il s'est assis, reposé ; de ce qui a *lit*, plutôt que lieu, tout à fait à l'instar des cours d 'eau.

L'animation de l'esprit et de ses exils suppose la quiétude relative de son support, de son objet, sa fixation comme objet, comme lieu, comme lit, comme sagesse relative convoquant la question, l'excitation de ce qui veut entrer en émulation avec cette fixité relative que rien ne semble altérer, si ce n'est le temps qui cependant n'altère le monde que pour le rapporter à lui-même, *inaltéré, désaltéré.*
Devenu ce qu'il est.

C'est l'étrange aventure immobile du monde qui excite, qui anime en soi ce qui fonde l'éternelle avidité, l'éternel détroit, l'éternelle détresse de celui qui est en quête de salut.

Voici sous nos yeux le salut, voici la paix trouvée : le monde est ce dans quoi je me meus en quête de cette paix profonde du monde qui est au monde.

Je n'ai conscience que de ce qui est objet et de cet objet le salut : la quiétude des choses, la liberté têtue et sereine des objets.

Point de claire conscience dans le vacarme, l'éboulement, l'errance, le coup de dés, les jeux antagonistes de forces, les frôlements, les fracas, la sarabande atomique, le rigodon cosmique.

Et si le monde est de tout cela le produit, je ne le puis penser que depuis cette oasis rassérénée qu'est le champ de la conséquence, des fins, au monde.

La nourriture de la pensée est téléologie.

De l'animation folle du monde sourd une paix. Cette paix est cela depuis quoi, parce que je puis y appliquer mon entendement, parce que j'y perçois le salut, je pense et j'anime ma pensée.

Elle est même, cette paix de la conséquence ultime de la lutte des forces, cela depuis quoi je pense ma pensée, cela depuis quoi, je suis, par mimétisme, une « âme critique ».

Or, voici une semaine que le temps se refuse comme objet de pensée.

Voici une semaine que la cadence au monde des phénomènes rend le monde impropre à la consommation par une pensée appliquée.

Voici une semaine que le monde n'est plus pensable, que ce qui y pense y pense sans pensée, embarqué sur une nef sans haleurs…

Voici que le monde se donne comme une névralgie c'est-à-dire comme l'impensable, l'innommable de ce qui, en quête de son salut, ne saurait le trouver que dans la conscience ou l'illusion d'une bonace, que dans l'appréhension des choses comme conséquences sécables des spasmes qui les engendrent.

Voici une semaine impensable.

Une semaine carrousel dont il convient de jouir ou qu'il convient d'endurer perdu, le cœur et l'âme à l'abandon.

Martine Aubry, la Syrie, les otages, Lagarde, la Grèce, Ghesquière et Taponier, DSK, Contador, la Libye, Barouin et Le Maire, le hideux Monaco…

Soit : naviguons.

Le plaisir est éminent, aussi, de la navigation.

Nous ne vivons pas un temps de la pensée. Elle n'a pas encore son lieu, son lit.

Elle n'a point d'objet.

Quel besoin avons-nous de faire échec à la pensée en l'appliquant à ce qui n'est pas son territoire, à lui proposer de voir sans objet, de courir sans chemin, d'être agressée sans pouvoir répondre puisque ce qui advient est, non par nature mais par une construction qui la vaut bien, son « encore aveuglant » ? Quel besoin, sinon celui de goûter l'échec de la pensée, de faire pénitence en un temps d'inopportunité de la critique ou bien d'en dévaluer les efforts pour, plus tard, quand son temps sera venu, laisser

prospérer bonnement l'idiotie stimulée (l'on entend
« esclave du stimulus »).

Naviguons.

Laissons aller, comme au règne de l'esthétique. Offrons à la
belle animation, à quoi revient la pensée, quelques vacances.
Faisons ataraxie. Suspendons le jugement. Jouissons entre
amis de converser à vau-l'eau de ce qui advient.

Naviguons.

Attendons pour penser et aimer penser que revienne le
temps où, les conséquences engendrées de ce qui est au
monde en lutte s'étant dessinées comme se dessinent un
paysage, un ciel, une ville, un visage, la pensée ait son
territoire.

Et pour l'heure, oui : laissons aller, naviguons…

MANUEL VALLS OU LE CINTRE

De toutes les présences quotidiennes, le cintre est sans doute l'une des plus mésestimées.

Et l'on n'évoque même pas, ici, ce cintre architectural, fondement d'ouvrages, souvent même d'ouvrages à vocation propitiatoire, en lien direct avec telle présence métaphysique, ce cintre architectural dont le vulgaire dirait sans doute, rayonnant de sa trouvaille, qu'il « tient la baraque ».

Non, l'on veut dire ici quelques mots de son frère cadet, de celui dont deux méchants pieds font un « valet de nuit », de celui qui garantit au corps social qu'on n'y entre pas, qu'on n'y intervienne pas, en chiffon, en boule, de ce superbe stratège depuis quoi la troupe vestimentaire se range tête après tête, de ce bon montreur de cirque aussi, qui, ayant domestiqué sa proie, en offre au regard la splendeur émolliée.

L'on s'habitue au cintre comme l'on s'habitue vite à l'existence souterraine de piliers de la vie, de formes humbles et comme valant pour elles sur quoi elle « s'arrange », se quadrangule en cosmos, se discipline pour faire forme.

L'on a beaucoup dit du cintre lorsqu'on a dit qu'il tenait et soutenait son monde, que son absence de corps, que sa vacuité soulignée, accentuée, autoritaire par solitude, était sa force même, qu'il était tout parce qu'il n'était rien, que son creux était son plein, son trait son corps.

Il en va du cintre comme du « signifiant-roi » des prophètes lacaniens d'autrefois : il est une pure a-corporalité, un vide contourné (le mot cintre vient d'ailleurs du mot « *cincturare* », qui signifie « contourner») par son dessin viril, une forme sans corps, sans dedans, sans tripe, sans désordre, sans anarchie de chair, sans organicité rebelle, un dessin étique dans l'air dont la puissance réside précisément dans ce qu'il n'est rien de substantiel, un chevalier inexistant de chez Calvino, une tête à Toto à quoi succomberait la sauvagerie de n'importe quel chapeau, l'audace adulescentine à soufflet de n'importe quel bonnet, un panneau torché de chic en deux trois gestes idéogrammatiques sur quoi pèserait un monde enfin ramené à la bonace de l'ordre.

Mais il n'est pas que cela, le cintre, il est aussi celui que son absence de corps, de tripes, de substance, de contenu de quoi que ce soit autorise à mettre en lumière le corps qu'il reçoit en veille.

Que l'on poste son veston sur un cintre et l'on verra soudain à quel point forment un tout ignoré dans ses usages sociaux son revers et son endroit, combien doublure et plastron sont cohésifs, combien ils sont interchangeables, combien il est au fond assez vain d'abdiquer devant celui qui vous enjoint d'établir une hiérarchie d'usage entre la belle austérité du revers et le coruscant, le muqueux foisonnement de la doublure.

Le cintre, ce vide puissant, ce vide autoritaire, dit des choses dont il a à traiter qu'elles se valent, au fond, et que ce qui est de l'ordre de l'endroit peut parfaitement former la « justification dans le temps » de ce qui est l'envers, de même que la doublure peut à bon droit aspirer à être le corps vrai du plastron.

Le cintre tarit l'onde formelle en lui imposant une forme, la force, l'autorité, l'impératif d'une forme, il la tarit aussi en arasant ses contradictions.

A considérer le cintre, l'on se prend par vice ou désœuvrement à y voir tel politique dont l'absence de substance, la vacance idéologie, serait si patentes qu'on verrait à travers et qu'elles garantiraient sa présence politique même comme force qui va depuis un vide. Un politique dont l'autorité incontestable reposerait sur le vide de conviction de corps, d'*in petto*.

A considérer le cintre, le cintre soudain étrange, étrangement étrange, l'on se prend à y voir la métaphore d'un politique dont l'art du vide autoritaire consisterait à mêler pour la galerie plastron et doublure, endroit et envers, à en faire des équivalents, à aller *urbi et orbi* exposer, par exemple, qu'entre ce qui est de gauche et ce qui est de droite, il n'est au fond qu'une différence d'usage, que tout ceci reposant bien à plat, l'on voit bien qu'il n'est rien de plus envers que l'endroit, rien de plus endroit que l'envers, rien de plus de droite que ce qui est de gauche, rien de plus gauchiste que ce qui est de droite.

L'on se prend, rêvant, à dessiner en soi le visage de cet homme politique-là, autoritaire infiniment, et autoritaire depuis l'absence radicale de tripes idéologiques, de cet homme politique, par exemple, qui ferait taire le processus démocratique depuis un cadre institutionnel qui ne fût en rien associé à sa conviction de la vertu de ce cadre…

L'on se prend à imaginer un adepte de l'article 49.3, par quoi il affirmerait la nécessité de l'alignement des têtes du placard et du « pas un pli », qui n'aurait pas au fond de soi, puisque de fond il n'y aurait pas (de fond politique, s'entend), la conviction ancrée de la vertu du 49.3.

L'on se prend, rêvant, à dessiner en soi le visage d'un homme politique pour qui le renoncement à la perspective historique de la réduction du temps de travail, la flexibilité professionnelle, la politique de l'offre obscène, la suprématie de la sécurité sécuritaire sur la sécurité produit d'éducation, de l'entreprise et du commissariat sur l'école, de la sanction sur le débat, sont affaires de gauche, d'un homme politique pour qui tout cet endroit, c'est tout l'envers.

L'on se prend à former en soi l'image d'un homme politique pour qui, par exemple, tout ce qui est la droite, c'est la gauche…

Le fil de l'eau imaginaire est d'abord animé, puis se précise le visage du cintre politique, de l'homme de rigidité et de vide, de l'homme mêlant, pour qu'un ordre s'instaure, les valeurs, au point de diluer son camp dans l'autre et d'éponger l'autre camp dans le volume détraqué du sien.

Et voilà qu'il se calme, tout à fait, le fil de l'eau : « j'aime l'entreprise ! », tonitrue la figure qui se précise, la tripe cintrée par le grand deuil d'un trench-coat, la gorge cintrée par le vérin ciel d'une cravate hors d'âge ou l'enveloppement sévère d'un col roulé marquant paradoxalement la décontraction, la figure qui transpire beaucoup, comme si sa discipline consistait en effet à se vider de substance pour n'être plus que cintre, le mollet tendu, la gorge nouée, l'aposiopèse nouant sur soi le discours, la mâchoire, le menton, le regard, la tignasse, le visage entier formant crochet de sorte que l'épaule défroisse mieux.

Et quand le fil de l'eau est tout à fait calme, voici qu'il vous apparaît en gloire, le cintre fait politique, le politique fait cintre, la forme autoritaire pure depuis quoi les valeurs, plaquées les unes sur les autres s'équivalent comme s'équivalent les motifs du tableau cubiste : *c'est Manuel Valls*.

Oui, l'on est devant Manuel Valls comme devant le cintre : l'on sent bien que sa présence est un formidable appel à ce qu'on vive, à ce qu'on pense, à ce qu'on opte, à ce qu'on lutte…sans lui.

Emmanuel Tugny

FRANÇOIS FILLON, GENTIL FAKIR

Le plaisir pris à la sangle, au port du casque, à l'assourdissement, à la chicane, au risque vital, ne réside pas en soi, n'est pas l'apodictique du philosophe.

Il en va de même de la longue traversée solitaire à la voile, de l'escalade d'édifices urbains, du cloche-pied sur filin en haute montagne, du saut à l'élastique, de la consommation du jus de navet ou de l'huile de ricin, de l'écoute prolongée de Mireille Mathieu.

De même, l'intériorité propose de ces pratiques dont l'attrait ni l'appétit ne sont à l'évidence l'apanage du commun. La pratique laïque de l'autocritique, l'usage de la haire et de la discipline introspectives, non plus que leur usage cultuel, ne constituent l'objet du désir du commun.

L'homme du troupeau des hommes éprouve peu de plaisir au déplaisir : il lui préfère de loin le plaisir qui plaît.

Il juge confortable le confort, cette brute tautologique, il souhaite le souhaitable, il aime l'aimable et il jouit du jouissif.

Jouir du pire, en somme, qualifie une singularité, au regard du troupeau philistin.

Éminent ou fou, anachorète ou héros, tout cela ensemble sans doute, le jouisseur de pire est une rareté au cœur du troupeau.

Qu'il jouisse de souffrances suscitées par le dehors, par l'aventure qui bourrelle, ou qu'il jouisse de souffrances suscitées par le dedans, la mortification qui taraude, qu'il soit bourreau de soi depuis la convocation du monde ou de soi, le jouisseur de pire intrigue.

Et comme il l'intrigue, l'homme du troupeau le déguise en pensée pour le ramener à soi, pour le reconstruire à sa mesure et le comprendre : le jouisseur de pire, le fakir, n'est pas de la farine folle et irréductible au jugement des fous, il doit bien avoir ses raisons.

Il ne saurait se sacrifier pour jouir, se brûler pour rire, cela n'est point de ce monde du troupeau, cela n'est pas consommable par la pensée du troupeau.

Non : le jouisseur de pire a ses raisons, il a ses circonstances déterminantes, il ne se peut que son excentricité soit détachée des causalités. Il doit bien avoir ses raisons.

Et l'homme du troupeau rencontre bien, çà et là, des causalités : le fakir, le martyr témoignent de dieu et de l'homme, ils ne sont pas sans nécessité, ils ne goûtent pas le pire pour le pire. Le sang la sueur et les larmes de l'eudémonologue Churchill, de Thatcher la vestale, ne leur sont pas congéniaux, ils eurent des causalités historiques ou économiques. Qu'il ait ou non raison, l'homme du troupeau goûte que celui que souffrir fait jouir ait quelque raison de prospérer en ses marges.

Et cette aspiration à comprendre est à mesure du prosélytisme du fakir, du buveur d'eau tiède ou de sirop médicinal, du dévoreur de chicorée, de l'ascète radical, de l'avare compulsif, du féal des précipices.

Car celui qui jouit du fouet jouit, par pure générosité, de fouetter et c'est naturellement lorsqu'il fouette qu'on aime le plus à le comprendre, à le réduire au connu, à circonscrire en lui une part commune.

L'étonnant, équitable et généreux bourreau qui aime autant la torture qu'il s'inflige que celle qu'il inflige est une figure de la sauvagerie que l'entendement œuvre volontiers à domestiquer.

Celui qui, en tout, au dehors et en soi, voit le pire pour en tirer plaisir fait le délice de l'investigateur des âmes singulières, du curieux de fantaisies éthiques.

Si le séide de Masoch excite, ce n'est pas qu'il convertit, c'est qu'il est l'autre tout à fait.

Or, 2017 aura son généreux, son gentil fakir, en la personne politique et, qui sait, intime, de François Fillon.

Que l'on ne s'y trompe pas, il n'est pas au monde de discours de vérité hors la prophétie au cœur du croyant, il n'est pas davantage de discours de vérité que de vérité révélée comme un corps glorieux au cœur du croyant. Celui qui prétend tenir le discours de vérité jouit en réalité d'une des polarités imaginaires du réel. Que vaut la dette, par exemple ?

Beaucoup plus qu'elle ne vaut, cela va sans dire, aux yeux du fakir. Qu'est-ce qu'un fonctionnaire, pour le fakir ? Quelqu'un que quelques privilèges certes compensés par des servitudes, empêchent de jouir enfin vraiment.

De même que le ravi de la crèche éventuellement présidentielle jouit d'une résolution heureuse des difficultés du temps qu'il invente, à l'instar de la cigale de La Fontaine, à chaque nouveau lever du soleil, de même le généreux fakir fait don et leçon de sa jouissance du pire en en exposant avec délice l'intensité, la profondeur, l'incurabilité sans souffrance supplémentaire. Car c'est un trait définitoire du fakir généreux que de faire don de cette souffrance dont il jouit non seulement en en partageant les motifs mais encore en en accentuant les effets en les détaillant et en les augmentant.

Ainsi la faillite du pays de France sera-t-elle infiniment plus appétissante au fakir quand elle se sera enfin alliée à un effacement de la péréquation nationale, de la généralité de la couverture des soins, au renforcement de l'inégalité de traitement entre possédé et possédant.

Il ne suffit pas qu'il y ait de la dette, il faut encore en majorer la portée, en figurer la délectable nocivité, l'irrésistible éternité, il faut ensuite en tirer toutes les conséquences de martyre jouissif : emploi précaire, pragmatique étatique, recours public envolés, inégalités de pouvoir d'achat, retraite *sine die*, temps de travail de chez Germinal, santé censitaire.

C'est alors que l'identité heureuse du fakir généreux sera pleinement atteinte : il aura souffert de jouir et cru faire jouir en torturant.

Il aura placé le corps social tout entier, cet incompréhensible troupeau jouisseur de plaisir, dans les réceptacles étroits de la combinaison et du bolide fonçant dans un bruit assourdissant et des odeurs d'essence vers telle chicane dans l'absence d'un paysage.

Ce n'est pas que François Fillon soit un mauvais homme non plus qu'un mauvais politique, tout au contraire : sa conviction ni sa dévotion au troupeau ne sont contestables.

Non, simplement François Fillon est une rareté, il évoque les clients des « maisons » d'autrefois dont ces dames charitables disaient qu'ils avaient « une idée fixe ».

Il sera loisible à l'homme du troupeau de juger en conscience, au printemps 2017, si son déplaisir est l'essence de son bonheur à venir.

IL Y AURA DEMAIN : BEAUTES DU DESESPOIR

- 282 -

Pour Solenn Hallou

C'est l'affaire d'un bras agrippé comme il vient dans une gare empêchée.

C'est l'affaire d'une voix étranglée, d'un regard vide de regard.

Un de ces usagers, dont l'analphabète notionnel et sensible ressasse à la mort qu'il est « pris en otage », a rompu le cours incontinent de l'information univoque : il a, comme tendrement, saisi à la manche un reporter qu'exalte ou galvanise la « prise en otage » de l'usager.

Un psychanalyste altéré, dont l'anachronisme toujours ravit, remercie, la voix sous le sanglot, un gréviste attablé que son impassibilité honore, qui, en somme, n'en tire pas profit pour soi.

Une ancienne ministre écoute, ébaubie comme à l'instant d'une épiphanie, une retraitée de 82 ans dire son fait quotidien à la vulgate économiste en cour : ça peut en effet vivre mal au point de gratter la poubelle, une femme de 82 ans dont la vie fut travail et patience…

Ce sont trois portraits, trois figures parmi tant de portraits, de figures qui me semblent dire du temps qu'aussi aboli que l'étaient l'Histoire de Fukuyama ou le dieu de Nietzsche, écrêté, privé de temps à son terme, plus « terminé », plus propice, partant, au désespoir, il dit crûment ce que fut le temps vraiment, le temps humain, le temps d'humanité.

Conscience nous est subrepticement venue de ce que le temps humain n'irait pas à son terme, peut-être, que le songe d'une humanité tirant de l'effort du monde un monde à la mesure de son songe d'éternité avait rencontré un réveil : l'altérité du monde, son refus obstiné d'objet à être, au dehors de soi, le monde des sujets…

Conscience nous est venue, en somme, de ce qu'il est au monde un monde et qu'il n'est pas davantage sympathique au songe de l'homme que ce songe ne lui est sympathique.

Peut-être le moment approche-t-il où le songe d'homme aura raison du monde. Ce dernier aura peut-être la satisfaction de monde de voir révélée, à l'instant du dernier regard, son autonomie éminente de monde…

Et l'un et l'autre finiront seuls ou l'un et l'autre finiront *l'autre.*

Ce moment annoncé par les deux songes confrontés, apocalypse sarcastique du monde, apocalypse terrifiée d'une humanité tragique est certes cause d'un abandon d'espérance.

Il rompt un réflexe téléologique qui n'est au fond que celui de la modernité, c'est à dire un réflexe historiquement relatif : non, l'empire humain n'en a plus pour mille ans. Soit.

Mais il est patent que de cette « ptose » d'espérance, que de ce moment de présence à soi naît une liberté d'être. Une liberté herméneutique. Il est patent que la rupture, que la solution de projection, engage le sujet dans un retour vers « l'être présent », vers « l'être au présent », vers une présence à soi et au monde qui, quoi qu'il en ait, le recompose, le reformule, l'interprète comme sujet.

De même que ce qui se meurt se connaît, laisse aller la « persona » pour voir enfin ce qui est, *intus et in cute*, en soi et alentour, de même il semble que du songe et de la mesure de son apocalypse, le sujet tire aujourd'hui l'enchantement à « voir enfin » de l'agonisant débarrassé des oripeaux du *theatrum mundi*.

Voici par exemple que la figure du scientifique qui transforme le cède à celle du scientifique qui observe…

Et voici que les regroupements désespérés de sujets désespérés forment regroupements de regards enfin librement posés sur la vérité, enfin présente à soi-même, du monde et des gens.

Voici que les cartes sont sur la table et qu'il y a sinon un avenir, du moins un demain pour les lire en la clarté. La dernière, dit-on.

Voici que l'occasion est donnée à l'observateur de pouvoir, à l'ami, à l'ennemi, dire leur fait. Voici que le songe d'un dernier grand jour autorise un « point ».

Il l'autorise aujourd'hui, dans la France turbulente.

Il l'autorise si crûment que le traditionnel clivage partisan ou syndical ne peut plus guère s'en faire le relais ou le stimulant…

Il autorise chacun, et chacun coudoyant l'autre, par désespoir de connaître ce que nous serions, ce que nous eussions pu être, à reporter l'effort de veille, de conscience, vers ce que nous sommes.

Il y aura bien demain. Et ce demain, qu'un songe dit fragile, baigne de clarté un monde et des sujets qui soudain, à la manière d'Ava Garner ou de Gena Rowlands, « prennent toute la lumière ».

Et chacun semble, dans ce flamboiement comme dernier, appelé à faire « demain élucidé », à se porter vers la fragilité d'un demain où paraîtra, dans le plein jour, son flamboiement dernier.

Le fard est utile à la semi-pénombre, au crépuscule. Le temps est au plein feu : feu !

Une gréviste « prise en otage » posément « hors-jeu », Gérard Miller étranglé, Roselyne Bachelot stupéfiée : trois figures rehaussées par l'éphémère clarté des temps…

L'on se souvient qu'Habermas mit au jour la notion de « patriotisme constitutionnel » pour désigner le réflexe par lequel, plus que de sa terre, de sa langue, de son contexte natif, un sujet du monde pouvait, sensiblement, dans sa chair, se sentir le représentant dans le temps, non d'un corpus ontique mais d'un corpus constitué en droit…

Qu'il soit concédé à l'auteur de ces quelques lignes de dire qu'au jour que bassine une clarté désespérée, celle de la philosophie de Kierkegaard, celle qui, produite par un désespoir en l'avenir du monde humain, en la « portée » de la trajectoire d'homme, l'élève soudain en soi, il se connaît enfin patriote, comme d'autres patriote, patriote de cette terre particulière du droit qu'est la législation sociale, féal de cette identité fondée en droits acquis par l'effort collectif et la conviction de la bonté du bien, du sort, du code, du livre communs, bonne comme un foyer, apaisante comme un terme, belle comme un étendard levé, une langue toujours connue, une terre fleurant l'orage si longtemps attendu, un pays.

Il est bien, au temps qu'éclaire le jour étrange de sa finitude comme une étoile éclaire peut-être ce qu'elle va heurter, un demain.

C'est celui où l'on ira, quelques instants encore, chanter pour rien ce que l'on fut…

SALUT, LA GAUCHE !

La gauche a fait long feu, c'est affaire entendue.

Le constater ne convoque aucun pathos apocalyptique : la gauche est morte, il n'est pour s'en convaincre que d'en observer la théorie des défaites empiriques, l'inanité pratique mal offusquée par une prosopopée criarde qui ne dit du corps tombé que la redoutable hantise de le voir abattu.

Le long cours historique sur lequel elle faisait fond, la gauche, on ne l'a pas perdu de vue, c'est cet étrange et funambule alliage de liberté et de justice qui l'a vue émerger, régner au cœur et, ici et là, gouverner au pays.

Mais que dire de cet alliage sinon qu'il ne distingue la droite libérale, celle de Constant et, c'est entendu, celle de Macron, qu'en tant que s'y tient debout une primauté de la justice, une de ces primautés qui n'interdit pas à ce qui l'enrichit de prospérer dans son giron, peut-être grâce à soi.

La gauche, son long cours, c'était une liberté juste, une justice libre, une « monade duale » dans laquelle la part d'équité, d'assujettissement tempéré de la liberté individuelle à la nécessité de la cohésion juste, l'emportait en « dosage » sur l'affirmation de la volonté individuelle de persévérer en soi.

En somme, l'on empruntera ici au lacanisme cette proposition que la gauche, ce n'est peut-être au fond, dans l'Histoire de France, que l'inassouvissable désir de n'être désirant que depuis le corps du désir d'autrui, de ne désirer qu'en féal du corps, c'est à dire de la limite, du désir de l'autre.

En termes politiques, on l'aura compris, si la gauche est liberté, elle est d'abord justice, elle ne conçoit l'exhaussement, l'extravasement individuel, le parcours social désirant que depuis les bornes conçues, posées, administrées, qui garantissent la souveraineté du Léviathan hobbesien.

La gauche n'est pas davantage étroitement étatiste que la droite libérale en cour n'est étroitement individualiste (« personnaliste », dit-on par souci, sans doute, d'euphémiser chic) : tout est affaire d'alliage, d'aloi, en terre de France, tout est dialectique, tout est verticalisation surplombante des antagonismes paroissiaux. La gauche française, qui aime les deux, fait primer la justice sur la liberté, la droite française, l'orléaniste, la macroniste, qui aime les deux, fait primer la liberté sur la justice.

Cela ne fait pas tant que cela rupture, cela ne fait pas brèche.

On le constate en effet : que l'exécutif actuel contraigne la pulsion d'être soi à son terme, bride le principe d'émulation, rappelle son lest à la « cordée » et voici que le souvenir de la gauche vient nuer son aura.

Que la république fasse république, que le désir d'être rencontre une téléologie commune, solidaire, aliénée dans des formes institutionnelles assises, solvables et inscrites dans une superbe de long temps et la liberté qu'elle garantit depuis une culture du frein, depuis l'imago du père équanime et équitable, rencontre à l'évidence cette aspiration à l'affranchissement qui fait aussi la gauche.

Il n'y a jamais loin, en somme, du libéralisme à la gauche mais la solution de continuité qui les oppose est d'importance, elle est radicale, elle a fondé un monde, une culture, une histoire.

Entre la gauche et la droite libérale, cette faille abyssale de la conception du devenir, du salut, cette faille eschatologique qui place chacun sur son bord, l'individuel et l'universel, le désir de soi qui entraîne et le désir d'autrui qui contraint...

La gauche, c'est la justice entraînant la liberté, la sensation ancrée de la mêmeté entraînant celle de la distinction.

La gauche en somme, c'est...la république...

Et si la gauche est tombée, si son cadavre bruissant fait, au corps politique, une pierre d'achoppement théoriquement révérée et pratiquement compissée par tous ceux qui en ont fait litière, c'est qu'elle a, en quelque façon, modifiant un dosage, rompant un équilibre, changé de camp, changé de corps, changé de pas, c'est-à-dire abandonné son histoire, quitté son temps...

Elle est morte, la gauche, d'avoir laissé émerger en son sein, comme un enfant dangereux, comme un enfant pervers, comme un mauvais petit diable, celui de ses membres que l'autre retenait pour que l'amble obtenu fût de gauche : elle a cru bon rogner en soi son premier principe, son principe de long temps, elle a cru que la gauche, en France, c'était au fond le point d'équivalence en l'esprit ou en l'âme entre liberté du sujet et autorité du corps collectif…elle a cru pouvoir, au nom de la maturité conquise d'un désir d'être, pousser un peu les feux de l'affirmation subjectale, raboter un peu le grammage fraternel, solidaire, étatique, républicain…

Elle a cru se retrouver, mûrie, adulte, dans ce travail d'apothicaire ou d'orfèvre sur son alliage éthique : elle s'est trompée.

Il fallait peu de chose pour que la gauche dialectique fût la droite dialectique : il y fallait un peu plus de culture du désir de jouir individuel, un peu moins de culture du désir de jouir moins pour autrui.

La gauche a fait ce chemin, elle a franchi ce pas et ce pas l'a tuée.

Cinquante ans de clins d'œil tapageurs aux prophètes libertaires de l'abandon républicain, de défense et d'illustration en creux du bien-fondé de la décentralisation chère à Maurras, de l'indépendance bancaire, de la délégation de service public, de la réduction des dépenses d'état, de la cession des actifs industriels, de la privatisation culturelle, de l'autonomisation éducative ou universitaire, ont fait de la gauche ce qu'elle est aujourd'hui : le souvenir d'un « autre chose », la mémoire d'une issue.

Et ce n'est pas le scoutisme basiste, l'idiotie utile de l'initiative associative, de la libre compilation des doléances, la tribalisation campaniliste qui rédempteront cette gifle administrée à l'histoire et à ses architectes outragés : jouir dans le même, jouir dans les mêmes, c'est encore jouir de soi…

Faire tribu, loin d'y faire l'obstacle, c'est encourager le galop de l'effort individuel en ne lui opposant que lui-même, en ne proposant comme sa limite que la nécessité de ne jouir de soi qu'en aimable compagnie…

La gauche scout, asso, corpo, autogestio, c'est le faux-nez de la droite : désirer entre soi c'est se désirer soi.

De même, à gauche de la gauche tombée, s'assouvir « insoumis » dans le sillon du chef, s'hologrammer dans son corps ubiquitaire, c'est encore perdre de vue la subtilité nécessaire du dosage.

Car la gauche est morte et sa charogne, comme celle de Baudelaire, nourrit les chiennes pas même inquiètes non de la droite, mais des droites, fussent-elles « insoumises » : la droite libérale, l'orléaniste, a dévoré son foie libertaire, les droites colériques son cœur autoritaire…

À ceux qui déplorent cette mort, à ceux qu'elle sidère, l'on suggérera peut-être ici que la mort d'un versant éthique n'est pas cette mort de la physique à laquelle on ne peut que se résoudre, l'on suggérera qu'un corps de valeur n'est pas un corps comme les autres et qu'il suffit peut-être d'un « lieu », d'un espace inventé ici-bas pour que s'opère son *resurrexit* laïque…

L'on suggérera ici que si la gauche, c'est le long temps fructifère de la liberté chérie dans son tempérament par la justice, par la considération du « pour tous », ce n'est au fond rien d'autre, rien de plus, rien de moins, que la république et qu'il n'est peut-être que d'en remonétiser les hautes vertus, d'en réactiver les preuves d'amour, d'en rappeler le monopole de la fondation d'une « modernité » française, pour que le juste rayonnement de son espace de développement propre réanime le corps parti « voir ailleurs s'il y est ».

La gauche est morte, saluons-la… et puis saluons Marianne et son demi-sourire…

PERESTROÏKA : RECONSTITUONS !

Quelques propositions "de chic" et en vrac pour une république refondée...

- Dissolution pour une assemblée constituante ;
- Projet de loi d'initiative citoyenne ;
- Substitution homologique au Sénat d'une chambre haute populaire élue au suffrage proportionnel et sous condition de ressources inférieures à 20000 euros/an ;
- Intégration à l'ENA (30% des effectifs) par validation des acquis de l'expérience citoyenne. Généralisation de l'auditorat libre à l'IEP et à l'ENA;
- Substitution au CESE d'un haut conseil de la planification écologique et d'un ministère d'Etat au plan aux ministères de l'économie, du budget, de l'environnement et des transports;
- Rétablissement d'un septennat renouvelable; Disjonction chronologique des calendriers électoraux présidentiel et législatif;
-Inscription constitutionnelle d'un seuil minimal républicain intangible de dépense publique formulé en pourcentage du PIB;
- Création d'un statut de l'élu, d 'une grille indiciaire ad hoc; d'un droit corollaire à perception d 'indemnités de chômage;
- Autorisation du cumul des mandats (un mandat local et un mandat national), limitation des mandats dans le temps (à hauteur de troïs mandats successifs dans les mêmes fonctions);

- Inéligibilité constitutionnelle à un mandat ministériel d'une personnalité n'ayant jamais exercé de mandat électif;
- Audit général du processus de décentralisation par le CESE sous l'autorité d'une commission parlementaire intersectorielle ad hoc;
- Substitution par décret aux programmes de France 2 d'une "Université populaire télévisée" placée sous la tutelle administrative des ministères de la culture et de l'éducation;
- Rédaction d'un nouveau traité européen soumis au référendum substituant à l'Euro un serpent monétaire européen des euros nationaux, portant vote à la majorité simple au conseil des ministres de l'UE, instaurant un protectionnisme européen, l'élection au suffrage universel direct du Président de la Commission européenne, la motion de censure du Parlement élu au scrutin de liste européen, une conscription et une armée européennes, la dépendance de la BCE vis-à-vis de la commission présidée par un exécutif élu, le doublement du taux d'endettement prescrit (6%);
- Restauration d'une conscription militaire universelle d'un an au titre optionnel national ou européen;
- Doublement du budget du ministère de la culture;
- Etats généraux de la culture et de l'éducation évaluant les conséquences des processus d'autonomisation des personnes morales culturelles et universitaires publiques;
-Plan national de construction de "Maisons des jeunes et de la culture" placé sous la responsabilité des exécutifs départementaux;
-Plan national d'expropriation des logement inoccupés depuis cinq ans;
-Création par réaffectation (détachement) d'un corps

"d'huissiers fiscaux", placés sous l'autorité du premier ministre, spécifiquement chargés de la lutte contre l'évasion fiscale;
- Création d'écoles, de collèges et d'universités nationaux des migrations et de CROUS ad hoc; Création d'un CAPES pluridisciplnaire ad hoc;
- Augmentation de 25% du nombre de députés. Maintien du scrutin majoritaire.
-Adhésion syndicale et vote obligatoires.
-Incitation administrative à la mobilité et au changement de corps au sein des fonctions publiques;
-Création d 'une conférence stratégique annuelle Franco-allemande;
- Délégations locales de service public soumises à autorisation préfectorale;
- Création d 'un revenu national d'activité artistique alloué depuis une validation des acquis de l'expérience artistique;
-Suppression du numerus clausus appliqué aux études de médecine; plan national d'affectation des praticiens du secteur public;
- Restauration de l'autorité administrative de licenciement;
-Substitution à l'impôt territorial d'un impôt national universel à 17 tranches autorisant la collecte de l'impôt auprès des nationaux expatriés;
-Restauration de l'ISF, instauration d'un impôt de solidarité sur la capitalisation financière s'y ajoutant;
-Retraite à taux plein à 60 ans; prime salariale et incitation fiscale au maintien d'activité jusqu'à 70 ans;
-Publication au Journal officiel de la République des sources de l'emprunt public; loi de nationalisation de l'emprunt (de remboursement, de fonctionnement,

d'investissement) imposant l'emprunt d'Etat à des sources nationales.

- 287 -

L'AFFREUX DEBAT DES MUTITES

Pour Jacques-Henri Michot

Ils sont nombreux ceux qui, au coucher, au réveil, ont vécu ce harassant épisode de « paralysie du sommeil » au cours duquel une conjonction paradoxale de la veille cérébrale et de l'inhibition corporelle crée un état de « conscience de mort », un veuvage, un célibat parfaitement inattendu et terrifiant des deux « êtres de l'être » dont l'alliance sûre fondait la vie : l'esprit et le corps, Soma et Psyché, ces fidèles et opiniâtres guides siamois du cheminement dans l'ici et maintenant de l'existence advenue, accomplie, assurée. De façon analogue, depuis quelques semaines, voici qu'une essence collective au présent de sa terre, un devenir infrangible, une nation fondée en peuple, un peuple fondé en nation par le long temps d'une identité de ses bras, de ses facteurs, de ses vecteurs, de ses vertus, de ses forces, de ses valeurs et de ses nombres, voici que le sujet France, voué au mouvement, jeté sous ciel pour aller son train historique, voit sourdre au grand jour issu d'un néant politique primordial, antécédent à la volonté que soit du politique, la disparate tétanisante, épouvantée, de son être au monde.

Voici que l'unité dynamique d'une essence politique procédant du dépassement transcendant de tribalismes premiers, depuis une dialectique assise sur l'unité parochiale,

juridique, cultuelle et culturelle, intellectuelle, idéale, «
acquise », du Franc et du Gaulois, du populaire et de
l'élitaire, de l'oligarchique et du démocratique, du corps
incarné et du corps incarnant, voici que l'unité abstraite
d'une société, tirée de celle du verbe et plus exactement du
Logos, c'est à dire de la solidarité juridiquement,
politiquement établie, des formulations, des mises en forme
du monde, voici qu'une « tour de Babel » dont la vocation
universelle est garantie par la construction admise d'une
langue commune valant forme commune du monde, fait eau
de   toutes   part.
Voici plus exactement qu'elle fait eau depuis une brèche, une
brèche dont la caractéristique est d'être à la fois effarante et
effarée, de faire peur en se faisant peur, d'être la peur même,
la peur refoulée, la peur déniée par la politique, cette peur si
décisivement dépeinte en son temps par Jean Delumeau.

Et qu'est-ce que cette brèche, qu'est-ce que cette solution de
continuité que porte sur la place publique la confrontation à
sang des membres jadis solidaires du corps politique
français, les parties prenantes de ce parti-pris historique
d'une solidarité juridique refoulant, exilant les mansions, les
quant à soi, les principautés individuelles bornées, pour faire
corps social, pour faire société, pour faire pays et puis pour
faire   empire   symbolique   depuis   le   pays   ?
Il va de soi qu'elle est économique, cette brèche, au sens où
la dépossession des moyens de production, compliquée par
celle des moyens d'accès pratique et intellectuel au bénéfice
d'une valeur ajoutée décisivement distinguée de l'activité,
aggravée par celle, à l'ère de l'expertise-reine, des moyens de
décider de la planification du devenir social et sociétal, par

la disjonction des fortunes, aux deux sens du terme, par la pure et simple incapacité physique et critique, caractéristique d'une éthologie de la faim, génère une colère d'abandonné, une colère d'orphelin lucide, une superbe colère de celui à qui un autre soi, un alter égo a menti, lorsqu'il prétendait râteler comme il binait alors qu'il œuvrait sourdement à négocier avec le temps la propriété du champ travaillé. Il va de soi qu'elle est politique, cette brèche. Le pacte éternel passé peu ou prou depuis le Vème siècle entre un peuple et son suzerain, le politique légal et l'apolitique réel, débouche aujourd'hui sur l'impression amère que le service dû au vassal dans le cadre de « l'hommage », de la coutume d'inféodation, reposant sur le double engagement du dominé créditeur et du dominant débiteur, loin d'atteindre un épanouissement moderne, s'est « retourné » en se gauchissant pour assurer la prospérité à sens unique de « premiers de cordées » persévérant en eux-mêmes dans un benoît aveuglement pervers et réactionnaire, garantissant à la suzeraineté sa suzeraineté en dépit et au détriment de ses devoirs de protection, d'assistance, d'établissement d'une justice et d'une équité dans le temps, d'entretien d'une solidarité de ses propriétés et de ses gens, d'octroi d'une clairvoyance sur les jours à venir.

Un pacte est rompu, qui faisait du membre souverain et du membre vassal, liés et liant par un contrat politique, les deux mâchoires conceptuellement et juridiquement égales d'une gueule appelée à contenir de concert l'errance folle des choses.

La constitution de 1958 renouait avec le pacte ancien, clovisien, louisquatorzien, jacobin, bonapartiste, elle renouait avec la vision à la fois puissamment autoritaire, puissamment égalitaire et puissamment libertaire d'une société dont Emmanuel Todd a su circonscrire avec bonheur et justesse les aspirations ancrées sui generis. Elle a su redonner au suzerain un peuple et au peuple un suzerain. Elle a su formuler à nouveau ou aliéner à nouveau en forme juridique, la pente vertueuse du corps politique français historiquement voué au dépassement, peint par Michelet ou Febvre, du tribal, du particulier folklorique, de la chapelle, du clocher, de la porte à midis, dans l'admission d'une inféodation à une incarnation politique rigoureuse, garante de son cheminement solidaire, dont l'onction n'est rien si elle n'est celle, laïque, du contrat de part, de maison et de marche commune d'un corps politique « entier », assujettissant ses membres en un « uniforme d'Arlequin ».

Impatience d'un membre, intérêt ou doctrine d'un autre membre, aspirations disjointes, tribalismes désirants : voici qu'une autre constitution, une Vème bis ou « remix », s'est façonnée de désir en désir, qui fait aujourd'hui la preuve palinodique de son impropriété à asseoir la fraternisation exigeante des membres d'un corps national qui pantelle et peste de panteler. À force de repeindre de Gaulle, on l'a assigné à ce musée du palimpseste où des formes estompées font le miel de la libre interprétation.

Le champ économique voit la main droite de la nation griffer la gauche, ses tibias s'entrechoquer, ses lèvres se déchirer comme dans un enfer pictural. Le champ politique voit un pacte millénaire vertueux, une modernité désirable s'enfoncer chaque jour plus avant dans la nue du souvenir reverni pour rien...

Mais tout ceci serait encore réparable, pourrait encore être à la fois pallié et rédempté si l'agora, si le forum n'avaient pas tout simplement, sans qu'on s'en aperçût, fermé boutique comme le temple ancien de l'Apocalypse de Jean de Patmos...

Ce pacte par lequel l'inféodation politique se fonde, qui garantit ordre et justice et, à travers eux, solidarité, fraternité, atténuation des frottements physiques par le symbolique, quoi de plus évident que de le renouer depuis la convocation d'une parole prise, d'un dialogue renoué, d'une éristique assignée   à   produire...   ?
Quoi de plus aisé, de plus justifiable en soi, de plus efficace, que de soumettre à une parole commune la chose commune, de refaire république depuis un tour de table des membres contrariés   ?
Or, la difficulté du temps présent vient de ce que non seulement ce dialogue a fait long feu mais, plus profondément, de ce que son premier principe même a fait long feu...

Car, en la tour de Babel de France, en ce corps aux membres solidarisés par l'Histoire, le Logos a succombé au désir, il s'est « éclaté » en mille corps, en mille appartenances : la société française, le corps politique français n'est plus le féal d'un même verbe ou d'une même « logique ». Il y a, en terre de France, que l'intégrité du corps politique est mise en péril par la dissolution de la langue du commun par des constructions du monde disjointes qui la défont en autant de créoles, en autant de pidgins, en autant d'idiomes, de novlangues, en autant de « mots de la tribu » qui prennent chaque jour davantage le pas sur l'heureuse abstraction linguistique et symbolique commune, sur le verbe choisi, élu pour être celui du corps politique. Certes, il faudrait dialoguer, refonder depuis un dialogue, refonder depuis une convocation, une injonction, un impératif du dialogue. Mais il est au principe irréfragable du dialogue une communion verbale qui est aussi une communion logique. Il faut à l'échange qui fonde le politique un « premier principe » linguistique ou logique depuis quoi dérive le sens construit, architecturé par la communauté.

Et l'on voit, à travers ce que la langue de la suzeraineté a cru bon nommer « la crise des gilets jaunes », à laquelle participe, qu'il le voulût ou non, en tant « qu'éduqué supérieur bloqué », l'auteur de ces lignes, que langue de la fermeté dominante et langue de la colère dominée, que logos du « peuple » (dont le peuple sait ce qu'il est quand Emmanuel Macron feint de l'ignorer) et logos de l'édilité, quand bien même ils voudraient « s'entretenir », ne peuvent plus que constater leur double incapacité à comprendre et à exposer.

La vie, la vie ancrée en quotidienneté et en routine des désirs et des peurs, a pris le pas, au rythme du voleur chinois, sur la langue. Le monde de la faim de chacun a corrompu le logos commun. Celui dont la hantise et le désir sont ceux du dominé putatif populaire parle sa langue. Celui dont la hantise et le désir sont ceux du dominé putatif élitaire parle sa langue. Celui qui dit aux uns les autres et aux autres les uns, le relais informatif, parle aussi sa langue depuis le désir et   la   peur. Le désir et la peur ont défait, le « déclinant », le verbe. Le désir et la peur ont rendu également impossibles le désir et la peur communes. Ils ont rendu impossible cette solidarité logique, cette solidarité verbale « immunitaire » du corps politique qui le défend contre soi et contre autrui.

Voici qu'en terre de France, voici que sur cette terre dont la dignité de toujours, dont la vocation universelle conviait, « convoquait une voix », précisément, celle de la définition verbale de l'identité commune, un Moloch épouvantable, épouvanté, l'immanence féroce à la courte vue de la tribu, de la proximité d'or ou de boue, a dévoré du dedans l'outil et l'âme originaux du corps national : cette langue rétive à la subordination individuelle depuis quoi tout rapport de force cathartique était non seulement possible mais impératif.

Oui, les dernières semaines l'ont attesté avec une rigueur terrible : au dialogue des membres français a succédé cette forme de paralysie du sommeil, cet atroce dialogue des mutités en quoi se contemplent, interdits et furieux, les deux faces d'une médaille qu'on avait "naturellement" crue insécable…

La guerre civile, en somme, n'est plus tant civile que logique...
Il appartiendra dans les temps prochains au corps politique

français, depuis un désir commun, de « reprendre » ou de recouvrer langue avant que de débattre...

MELENCHON, PAS AVEUGLEMENT MELENCHON.

Je n'ignore pas et je ne souhaite pas ignorer :

- Que la construction européenne a pour fondement théorique et pratique, toute considération bue, la quête d'une paix durable entre les peuples d'Europe et qu'elle est, en cela même, un bien commun cher et intangible ;

- Que l'indépendance de la parole internationale de la France n'en passe ni par une hostilité réflexe aux États-Unis d'Amérique ou à l'Allemagne conservatrice ni par une attirance morbide pour le gouvernement de la Russie ni par le goût de formes romantiques vintage de leadership national latino-américaines en situation d'échec patent ni par un complotisme inepte cantonnant aveuglément les rapports de force internationaux à la dimension énergétique ;

- Qu'aucune réforme constitutionnelle ne saurait rompre en visière des pratiques politiques économes de considération de l'intérêt général ;

- Qu'une présidence ne saurait s'exercer à plein titre que depuis la fabrication ouverte et généreuse, aux plans national et local, d'une majorité donnant voie à la capacité gouvernementale ;

- Que les vertus et talents tribuniciens ne sauraient valoir capacité à exercer le gouvernement d'une démocratie confrontée à des situations internes et externes et complexes et dangereuses ;

- Que les vertus et talents tribuniciens ne sauraient valoir réalisation effective des promesses qu'ils portent ; que le temps est venu d'une congruence de l'exercice du pouvoir à la pétition d'intention électorale ;

- Que de l'aspiration à la paix, l'Histoire a amplement dit qu'elle pouvait fonder le meilleur et le pire ;

- Que la question des déficits publics et du financement d'une nouvelle politique de la demande et de l'investissement humain et écologique était une question ;

- Que la question de l'hospitalité aux migrations nouvelles était une question ;

- Que la question d'un nouveau pacte national relatif à la laïcité était une question ;

- Que la politique artistique et culturelle méritait qu'on en dît un mot, incarnât-on la culture ;

- Que la question de dépassement de l'émancipation par le travail était une question ;

- Qu'aucune victoire de la gauche ne saurait faire fond sur des coups portés à quelque composante que ce soit de la gauche ;

- Que le candidat Benoît Hamon a su mener une campagne digne, fine, inventive et courageuse ;

- Que la radicalité sectaire des nervis d'un candidat lui est absolument imputable.

Je ne l'ignore pas, je ne souhaite pas l'ignorer et, ne l'ignorant pas, ne souhaitant pas l'ignorer, j'ai décidé, au regard du danger moral, civique ou démocratique en présence :

- De voter Jean-Luc Mélenchon le 23 avril ;

 - D'appeler mes amis hésitants, d'appeler ceux qui aiment mes œuvres et qui hésitent, qui qu'ils soient, où qu'ils soient, à voter Jean-Luc Mélenchon le 23 avril.

Emmanuel Tugny

ENTRE GAULOIS ET FRANC, LA GAUCHE DE TOUJOURS

Pour Meriem. Et pour Thierry.

Un peu d'Emmanuel Macron a lu Michelet. Pas tout Emmanuel Macron, et pas assez, peut-être.

Quand le Franc daube sur le Gaulois, c'est la monade nationale française qui turbule, c'est le refoulé historique d'une terre aux prémices centrifuges et tribales qui fait retour en chacun de ses replis ; c'est le commencement, le premier principe d'une cohésion de droit, sinon de fait, juridique sinon ontique, qui se rappelle au souvenir collectif comme un Eden ou comme un « âge farouche », c'est selon…

Le « Gaulois réfractaire » d'Emmanuel Macron, c'est la verticalisation, l'incarnation en une image d'Épinal, de la sauvagerie fondatrice d'une nation à la fibre dialectique et qui naît à elle-même dans l'intégration et le dépassement - tout politique- de l'identité dans une transcendance pensée, dans la fiction du devenir « sang-mêlé » cher au titanesque et résolument moderne Lucien Febvre.

Le Gaulois réfractaire, c'est la masse indivise, privée de la possession des moyens de production alloués par l'oligarchie et qui beugle, qui grogne, qui renâcle, qui regimbe, comme une foule chez Hugo. Le Gaulois réfractaire, en somme, c'est ce que gauche et droite colériques nomment, avec la légèreté contente des démagogues, le « peuple », ce corps ontique, ce corps authentifié par la dépossession, la misère, la relégation dans l'immobilité territoriale, l'inceste sociologique, l'adhérence au paysage, dont l'identité fondée en inscription dans les choses, en « vérité toute nue », dont l'identité princeps exprimant, mieux, exsudant, sans fard, l'irréfragable vérité des choses, vaudrait éthique.

Le Gaulois réfractaire, ce bon sauvage, c'est au fond "la terre qui ne ment pas" vichyste, c'est le titulaire métonymique d'un « cri du vrai », d'un principe d'autorité de la vie comme elle est, de la vie, singulière et collective, d'avant l'imposition de ce sort, de cette perspective abstraite et, au fond, étrange et questionnable dans ses fondements de cœur et de peau, dans ses fondements sensibles, qu'est le « projet politique ».

Le Gaulois réfractaire, c'est le sujet politique d'avant le politique ; c'est l'essaim pré-politique, nourri de solidarités horizontales, de coudoiements roboratifs, de réflexes et de convulsions cohésifs, de réactivité grégaire, d'égalitarisme atavique.

Il est le bruit, la fureur, le rot, le pet, le juron de Boudu. Ce n'est point qu'il ait mauvais esprit : il est soi, il ne se redouble pas, il ne s'encombre pas, il ne s'invente pas, il ne se cherche pas, ne se sublime pas : *il est.*

Mieux : *il est ce qu'il est.*

Et par opposition, tout ce qui n'est point lui manque d'être, échoue à être ce qu'il est. Tout ce qui n'est point lui, « de sa race » simple (au sens de la philosophie de Clément Rosset), est l'anti-être, l'aventure d'une fiction, la geste d'un masque.

Le Gaulois réfractaire n'est pas une personne, ce n'est pas une fiction dramatisée de soi : c'est l'être fait chair, l'être incarné, le point de commencement du politique qui le toise, l'abomine, l'injurie, le supplie.

C'est le postulat premier, au temps et à l'espace, d'une dialectique dont la visée transcendante, finaliste, est de faire état, nation, peuple de droit.

Il est bonhomme, le Gaulois réfractaire, parce que plus profondément qu'à la réforme, c'est au surmoi qu'il se refuse, au mensonge de soi, à l'aliénation, au remplacement de soi par un double, par un ersatz politiquement intégrable, outre qu'appréhensible.

Il est sympathique puisqu'il évoque candeur et innocence d'un temps perdu du politique où l'incarnation de l'identité collective ne souffrait pas de cet évidement charnel qui menace le « synthétique » et dont l'Europe bruxelloise fait symptôme et parangon.

Il est l'enfant châtié par la règle commune. Il est l'enfant morigéné par la théâtralité volontaire du politique qui met la vie en scène, fait spectacle de la pure présence au monde et contraint le corps, la langue et l'idée, les tordant, les laminant, les arasant, par souci d'équilibre, de cohésion, de cheminement commun, en un mot, de progrès dans l'ordre humain sinon dans l'ordre de nature.

Le Gaulois réfractaire, c'est le bon petit diable trépignant, tel qu'en lui-même, dans la virginité de soi et d'un décor qu'aborde, sans la corrompre, sans la forcer, sans la suborner au point qu'elle se taise, l'immatérialité brutale du bien commun et de ses pompes.

C'est nous en vrai, c'est nous en pire, c'est nous perdu, nous revenu.

C'est ce nous en nous « que la ville exila » : le vrai, le pire, le meilleur, celui qu'on craint et qui amuse, celui qui émeut, qui surprend, qui étonne, qui effraie, celui dont colères et ris divertissent ou ébaubissent. C'est le corps de résistance ontique au politique et c'est sa mémoire et c'est sa justification comme progrès.

C'est ce que l'on aime, n'en voulant cependant plus pour soi qu'en somnolence. C'est un souvenir d'enfance, un de ces souvenirs aseptiques que l'incommodité de l'expérience a fuis.

Le Gaulois réfractaire, on se souvient qu'on l'aime, on sait qu'on ne le « sortira pas ».

Emmanuel Macron a lu Michelet. Le Gaulois, c'est à dire, en somme, le peuple tel qu'en soi, c'est son bon souvenir.

Ce n'est point son affaire.

Cette identité principielle indivise, qui n'est rien moins que réfractaire au changement quand il s'agit pour elle d'affirmer son rejet d'une dissolution artificielle et solipsiste, « individualiste » et pour tout dire « libérale », de son être infrangible, qui a toujours attesté au contraire son adhésion sans frein à l'invention d'un bien commun contigu à sa nature solidaire et radicale, ce n'est pas celle que promeut le credo macronien.

Car il a en effet bien davantage hérité du Franc de Michelet, à l'évidence, le très spirituel Président Macron…

Le Gaulois, en effet, n'est pas tout le Français : il est le peuple de la nation de France. Un voisinage douloureux et fertile le condamne à cohabiter avec le nomadisme natif et le ton impérieux d'un envahisseur oligarchique dont mœurs et langues, *kultur*, ont su prendre crânement le pas sur les siennes, le Franc, c'est-à-dire « le libre », le cavaleur de vent, l'entreprenant autocrate, le violent thuriféraire d'une liberté d'aller, de prendre, de brutaliser, d'entraîner avec soi, aussi, de…ruisseler.

Le peuple de France a son guide, nous rappelle Michelet, le Franc ou plus sûrement l'oligarchie franque, le cercle franc, la tour de table ronde franc, le conseil d 'administration, le *board* francs, la bonne entente des libertés franques individuelles revendiquées et prises, substituables les unes aux autres, égales en place, en dignité, affranchies d'elles-mêmes et promouvant l'affranchi, le fort, le surmâle jarryen, le surhomme nietzschéen et leur vouloir-vivre prosélyte, leur capacité à entraîner , depuis la mobilité de l'énergie libérée, celle de l'autre, de l'autre dominant, certes mais aussi celle du réfractaire entravé par la glèbe ontique, engoncé dans son devenir immobile, sa sédentarité morbide, son identité fondée en soi, son *fatum* terrien.

Le Franc traverse le paysage, il fend la bise et il entraîne, « *vae victis* », il gouverne depuis l'entente des forts et des libres, des forts en tant que libres. Il promeut le mouvement perpétuel d'une société, d'un corps collectif en constante cavale, en fuite hystérique de soi, et qui prospère sur l'énergie recouvrée des convertis et sur l'exténuation des sacrifiés.

Il fonde le pouvoir pris sur l'agitation autoritaire et sur l'affirmation de la suprématie de la liberté sur cette justice dont Nietzsche, une fois de plus, a montré combien elle entravait la marche des hommes.

Le Gaulois râlait, le Franc cravache.

Le peuple faisait vérité refoulée, l'oligarchie fait charge contre et charge en tête.

L'exercice du Franc est d'édicter un corpus de doctrine transcendant qui entraîne dans un même élan politique l'immobilité et le galop du vrai.

L'on rencontre d'ailleurs aussi un Franc réfractaire : c'est celui qui, amant jaloux de sa liberté intrépide, regimbe à fixer à ses semelles de vent la fonte de « l'être trop là » du Gaulois, peine à comprendre qu'il y ait au monde autre chose que des marcheurs, autre chose que des « progressants » (sinon des progressistes), autre chose en l'être et l'ordre des choses que de la convulsion, du changement, du « branle ».

Le politique vaut sacrifice du Gaulois à la facticité d'une identité juridique, sacrifice du peuple à la nation au titre de l'immémorial et du véritable, il vaut aussi sacrifice du Franc au titre de sa franchise, c'est-à-dire au titre de sa liberté à persévérer en soi à tout coût d'humanité.

Emmanuel Macron est incontestablement un Franc réfractaire à ce que le corps hybride dont il a la charge avance, au champ politique, d'un pas commun et solidaire, d'un pas pour tout dire *politique*. Il n'entend pas tout à fait qu'il y ait autre chose, dans l'état du corps national, que du progressant, que du changeant, que du consommateur d'énergie, que du cavalant, que du vent d'homme.

Que de l'agité en quête, peut-être, de tel "oubli de soi"...

Il ne fait même pas don à la nation d'une afféterie d'entendement de la souffrance d'être (de « l'ontalgie » écrivait Raymond Queneau) de sa part native, sédentaire, contemplative, sidérée, prise dans les phares de l'actuel. Il marche, il court, il cavale. Il gouverne par sauts et gambades, il ruisselle, dans l'infertilité la plus totale, de la sueur du coureur à pied.

Veut-on qu'il parle France, nation de France, devenir commun ? Il en parle depuis l'étranger, il en parle depuis le relais de poste mondain d'une aventure sans terme. Il est le président picaresque d'une nation qui fait route ou qui crève, le Franc ultraciste et fol qui condamne, au nom d'une fuite hors de soi qui évoque le vouloir-être libre de l'égo stendhalien, un peuple assemblé par la loi à aller ou à sombrer, à n'être que le vent, à choisir entre la course ou la mort, ente l'aventure et la mort, entre la vérité mobile et la mort, entre l'affirmation de la primauté de soi ou la mort, entre soi ou la mort…

Ce « Mitterrand le petit » assomme sa nation non sous les coups mais sous les cahots d'un coche qu'il mène à sa main, libre et librement pour soi puisqu'être libre et pour soi, en Francie, c'est être pour autrui.

Le peuple ahane, le peuple Gaulois et d'entre les Francs, ceux que le sort commun, la dialectique nationale construite a convaincus de la nécessité de contraindre leur liberté devant celle de l'autrui le plus autre, devant l'inégal.

Il ahane ? Qu'il crève.

Qu'il ne soit rien.

L'on ne cédera devant rien qui ne soit la liberté de mouvement.

Et voilà la République gauchie par un pouvoir qui tranche deux de ses membres conceptuels pour affirmer l'omnipotence, en son sein, de la Liberté, et de la plus libre des libertés, celle d'imposer (d'intimer), où que ce soit et comme on l'entend, comme une façon de fin en soi, sa liberté.

Égalité et fraternité sont affaires de Gaulois : la république est franque : on s'y fera ou on crèvera, on crèvera diffamé et privé de costume.

Ce chemin pris dans le brouillard d'une donne historique nébuleuse vaut démantèlement du pacte ou de la dialectique française en un temps ou l'orgueil historique commanderait qu'on la revendiquât devant les victoires gauloises et franques observables ailleurs, devant les victoires acquises d'une part par l'infra-politique réflexe et identitaire, par la colère et la *parrhesia* érigés en outils et en termes politiques et d'autre part, par l'égoïsme cruel d'une entreprise individuelle virtualisant chaque jour davantage le gain pour le rendre inaccessible non seulement à la poche du producteur mais encore à son idéation.

Or, entre le râle du Gaulois et le galop sanglant du Franc, il y a ce qu'il y avait, il y a ce qu'il peut y avoir : il y a la République.

Toute, rien que.

La République tout bonnement.

Il y a cette transcendance qui intègre et dépasse la dispute éternelle opposant, en terre de France, la colère et la joie natives du corps solidaire et le jouir de la liberté qui captive, l'indivision apolitique de l'être et sa vocation à être soi contre tout.

Il y a cette convocation conceptuelle à faire que l'immobilité et le progrès, la colère et l'élan, le goût des haies et celui du lointain fassent corps et nation, fassent devenir en un hybride qui est tout à la fois un vœu, un corps, une force et un appel et, partant, rien moins qu'une fausseté.

Il y a cette identité singulière de l'être-nation qui dans un même devenir, dé-clôt l'immobilité incestueuse du bocage et borne la fuite névrotique du grand chemin, politise l'éternité ontique afin qu'elle goûte les beaux fruits du relatif, fait du neuf avec toujours, du pays avec de la terre, de la voix avec du cri, de l'avenir avec du temps.

Or, c'est à la gauche et à elle seule, ce fut toujours à la gauche, ce fut nativement et c'est pour toujours à la gauche de défendre et d 'illustrer, d'incarner ce pacte par lequel un corps nouveau est ajouté au monde par subordination du vrai au politique ; c'est à la gauche de France, c'est à la gauche d'Europe, de faire nation depuis la légitimité d'un corps politique voué à convertir l'essence irréductible à la relativité de l'harmonie.

C'est à la gauche de convertir le Gaulois à la vérité intangible de la transcendance politique et à la dignité de ses dépositaires, c'est à la gauche de convertir le Franc aux vertus de l'engagement dans le salut collectif, de l'aliénation du fort au faible, qui, seule, rend sagement, rend prudemment, rend vertueusement libre.

C'est à la gauche de refuser, depuis les enseignements de la philosophie et de l'Histoire, que les autorités-réflexes du *demos* excédé et des oligarchies en proie à la terreur qui fourvoie fassent prévaloir en eux et en la Cité l'esprit de guerre.

C'est à la gauche de mettre un coin, en somme, entre fascismes et finance, entre les brutalités sourdes, paranoïaques et intellectuellement complémentaires, de la solidarité identitaire et du vouloir-vivre égotique.

C'est à la gauche de porter, à nouveau, usant de la fermeté de la preuve, la bonne nouvelle républicaine, celle de la légitimité, de la puissance et de la beauté d'une vie commune subordonnée par soi seule à l'autorité toujours neuve, puisque toujours en quête de communion, du bien commun.

Porto Alegre, Ekatérinbourg, Saint-Malo, Annaba, Abidjan, Dunkerque,
Le Caire, 2009-2019.

TABLE DES MATIERES

Emmanuel Tugny

EEEOYS EDITIONS

EEEOYS EDITIONS est une aventure éditoriale consacrée à l'aventure scripturale.

On n'y rencontrera que des œuvres aventureuses qui dégagent l'entreprise littéraire de la dimension égotique, réflexive, introspective, pour déployer, leur auteur "retranché", comme l'écrivait Mallarmé à l'occasion d'une conférence sur Villiers de l'Isle-Adam de 1890, des mondes.

Eeeoys Editions propose quatre collections ou quatre filières éditoriales.

La collection **THRES** est dédiée à la traduction ou à l'adaptation audacieuse assumée d'œuvres ressortissant au patrimoine des langues latines.

La collection **DARVEL** propose au lecteur des œuvres inédites caractérisées par le décentrement aventureux, représentatif ou stylistique.

La collection **LIBERLIBER** est dédiée à la publication d'œuvres d' auteurs chinois francophones.

Emmanuel Tugny

www.ingramcontent.com/pod-product-compliance
Lightning Source LLC
Chambersburg PA
CBHW051245250726
48656CB00004B/1137